BEATLES ENGLISH

BEATLES NO EIGO TITLE WO MEGURU 213 NO BOKEN by Migiwa Nagashima
Copyright © Migiwa Nagashima, 2017
All rights reserved.
Original Japanese edition published by Kotobukisha Ltd.
Korean Translation Copyright ©2018 by Annapurna Publishing

This Korean edition is published by arrangement with Kotobukisha Ltd., Tokyo
in care of Tuttle-Mori Agency, Inc., Tokyo through Duran Kim Agency, Seoul.
이 책의 한국어판 저작권은 듀란킴 에이전시를 통한 Kotobukisha/Tuttle-Mori와의 독점계약으로
안나푸르나 출판사에 있습니다. 저작권법에 의하여 한국 내에서 보호를 받는 저작물이므로 무단전재와
무단복제를 금합니다.

BEATLES ENGLISH
비틀즈 잉글리시
비틀즈 노래 제목으로 영어 공부하기

나가시마 미기와 지음 / 한경식 옮김

안나푸르나

LET IT BEATLES

비틀즈 노래 제목을 해설한 최초의 책

아주 오래전에 마이클 잭슨Michael Jackson이 잭슨 파이브Jackson 5 시대에 부른 「ABC」라는 노래를 듣고서 영어에 이런 법칙이 있다는 것을 처음 알았습니다. "I before E, except after C."

I는 C 다음에 나올 때를 빼곤 E 앞에 나온다는 뜻입니다. 이 노랫말을 알고 저는 '그렇구나. 그래서 friend나 believe는 i가 e 앞에 있는데, receive나 ceiling에서는 i와 e의 순서가 반대로 되어 있구나.' 하고 깨달은 적이 있습니다.

여러분도 영어 노래를 통해 영단어나 숙어의 뜻, 속어나 여러 가지 표현 등을 알게 된 적이 많을 겁니다.

그렇다면 노래 제목은 어떤가요? 자주 듣는 노래인데 무슨 뜻인지 잘 모르는 제목이 의외로 많지 않나요?

마빈 게이Marvin Gaye가 부른 「I Heard It Through The Grapevine」이라는 노래를 예로 들어보겠습니다. grapevine은 '포도덩굴'이라는 뜻의 단어지만, hear through the grapevine은 '소문으로 소식을 듣다.'라는 뜻의 숙어입니다. 그런 표현을 알고 나면 '그렇군. 가사에 나오는 남자는 그 여자가 이전에 사귀던 남자와 다시 합치려고 한다는 소문을 듣고 비탄에 잠겨 있구나.'라고 이해할 수가 있습니다.

비교적 최신 노래로는 테일러 스위프트Taylor Swift의 「Shake It Off」가 있습니다. 이 말은 '뿌리쳐. = 걱정하지 마.'라는 뜻인데, '모두가 뭐라고 하건, 싫은 일이 있건, 나는 마음에 두지 않는다.'는 내용을 담은 노래입니다.

노래 제목 중에는 핑크 플로이드Pink Floyd의 「Several Species of Small Furry Animals Gathered Together with a Pict」와 같이 매우 긴 것도 있지만, 대개는 그다지 어렵지 않은 단어가 몇 개 나열되어 있을 뿐입니다. 그런데도 관련된 자료들을 찾아보고 나서야 비로소 의미를 제대로 알게 되는 노래 제목이 예상외로 많습니다.

만약 특정한 아티스트가 부른 노래의 제목을 20개 이상 들어보라는 질문을 받는다면 어떨까요? 대단히 좋아하는 가수나 밴드의 노래라면 그 정도는 간단하게 말할 수 있을지도 모릅니다. 그러나 열성 팬이 아니라면 노래 제목을 20개 이상 말할 수 있는 아티스트는 그렇게 많지 않을 겁니다.

혹시 있다고 한다면 비틀즈 정도겠지요.

비틀즈는 1962년에 「Love Me Do」로 데뷔한 뒤, 1970년에 마지막 앨범 『Let It Be』를 발매할 때까지 약 7년 반 사이에 213곡을 발표했습니다. 이 책에서는 213곡의 제목을 모두 분석했습니다. 그 가운데는 「Help!」, 「Yesterday」, 「Something」 등과 같이 누구나 아는 영어 한 단어로 된 노래 제목도 있는데, 그 단어의 뜻만 싣는다면 아무런 재미가 없을 겁니다. 그래서 이 책에서는 제목의 의미뿐만 아니라 노래 제목과 관련된 토막 상식이나 주변 지식, 간단한 영문법도 다뤘습니다.

공식 발표한 213곡을 발매 순서대로 게재

비틀즈가 공식 발표한 213곡은 영국에서 발매된 순서대로 실려 있습니다. 싱글과 앨범의 이름에는 발매일도 함께 게재했습니다. EP 『Long Tall Sally』에 들어 있는 4곡은 오리지널 앨범에는 수록되지 않았기 때문에 발매 순서에 맞춰 소개했습니다. 또 「Bad Boy」는 미국 편집반 『Beatles VI』에 실려 1965년에 발표된 곡인데, 영국에서는 1966년에 발매된 『A Collection Of Beatles Oldies』(공식 CD로 출시되지 않음)에 수록되었기 때문에 그 순서로 게재했습니다.

그런 이유로 이 책에서는 싱글과 EP로만 발매되고 앨범에 수록되지 않은 노래들을 모아놓은 『Past Masters』는 다루지 않았습니다. 싱글로만 발매된 노래를 『Let It Be』보다 늦게 나온 『Past Masters』에 수록된 노래로 다루면, 「I Want

To Hold Your Hand」나 「She Loves You」가 「Across The Universe」나 「The Long And Winding Road」 같은 노래보다 뒤에 나오기 때문입니다.

이렇게 발매된 순서로 곡들을 소개함으로써 비틀즈의 노래 제목과 가사가 어떻게 변화했는지 확인할 수 있습니다. 잘 알려져 있듯이 최후의 앨범으로 발매된 『Let It Be』에 수록된 대부분의 노래는 『Abbey Road』에 실린 노래보다 먼저 녹음되었습니다. 『Abbey Road』가 실질적인 비틀즈의 마지막 앨범으로 여겨지는 것은 그런 이유입니다.

또 노래 제목과 노래를 만든 사람을 함께 나란히 적었습니다. 만든 이의 이름을 보면, 비틀즈의 오리지널 곡인지 아닌지를 알 수 있습니다. 대부분의 노래를 만든 존 레논과 폴 매카트니는 Lennon-McCartney라고 표기합니다만, 초기에 만든 곡은 McCartney-Lennon으로 표기되어 있습니다. 이는 공식적인 표기법에 맞췄습니다.

213곡 중에서 Lennon-McCartney 혹은 McCartney-Lennon이 161곡, Harrison(조지 해리슨)이 22곡, Starkey(링고 스타)가 2곡, Lennon-McCartney-Starkey가 1곡, 네 사람이 함께 만들거나 편곡한 노래가 3곡, 커버곡이 24곡입니다.

렛잇비틀즈(LET IT BEATLES)라는 의미는?

이 머리말의 제목은 렛잇비틀즈(LET IT BEATLES)입니다. let it의 뒤에는 일반적으로 명사가 아니라 동사 원형이 오기에 이 말은 문법적으로 맞지 않지만, 굳이 번역하면 '자연의 흐름에 몸을 맡긴 비틀즈'입니다. 애초 Beatles라는 이름이 beat(박자를 맞추다)와 beetle(딱정벌레)을 합성해 만들어졌으니 이런 장난도 허용되겠지요.

비틀즈의 노래 제목을 뜻풀이하면서 제목과 연관된 정보들을 이것저것 썼습니다. 제목의 의미나 거기에서 연상되는 내용을 안다면, 비틀즈가 더 좋아지고, 그들의 노래를 더욱더 즐길 수 있을지도 모릅니다. 이 책이 그런 계기가 되면 좋겠습니다.

나가시마 미기와

contents

머리말 LET IT BEATLES 004

1962년과 1963년의 비틀즈

1st Single

001 Love Me Do 마지막 단어 do의 의미는? 020
002 P.S. I Love You 추신으로 사랑을 전하다 020

2nd Single

003 Please Please Me 첫 번째 please는 '제발', 두 번째 please는? 021
004 Ask Me Why 제목에서 생략된 말은 무엇일까? 023

1st Album PLEASE PLEASE ME

005 I Saw Her Standing There 지각동사의 쓰임 025
006 Misery 미저리는 여성의 이름이 아니다 026
007 Anna(Go To Him) 가사에 go to him은 나오지 않지만… 026
008 Chains 사랑의 사슬이 속박하다 027
009 Boys 남자는 언제까지나 boy 028

Ask Me Why (→ p. 023)

Please Please Me (→ p. 021)

Love Me Do (→ p. 020)

P.S. I Love You (→ p. 020)

010 Baby It's You It is ~ that 구문으로 안타까움을 노래하다 028
011 Do You Want To Know A Secret 알고 싶은 비밀이란 무엇일까? ... 029
012 A Taste Of Honey 꿀맛이 어떤 맛이길래 030
013 There's A Place a place란 어디에 있는 장소일까? 031

014 **Twist And Shout** 두 가지 동작을 동시에 할 때 쓰는 and — 032

3rd Single

015 **From Me To You** to you와 for you의 차이점 — 033
016 **Thank You Girl** 감사를 나타내는 말들 — 034

4th Single

017 **She Loves You** love의 현재·과거·미래 — 034
018 **I'll Get You** 언젠가 너를 내 여자로 만들 거야 — 035

2nd Album WITH THE BEATLES

019 **It Won't Be Long** 오래 걸리지 않는다 — 037
020 **All I've Got To Do** have to의 일상적인 표현 — 037
021 **All My Loving** love와 loving의 차이점 — 038
022 **Don't Bother Me** 부정 명령문에 사용된 bother — 039
023 **Little Child** little과 small의 차이점 — 039
024 **Till There Was You** till과 until의 차이점 — 040
025 **Please Mister Postman** 영국에서는 postman, 미국에서는 mailman — 041
026 **Roll Over Beethoven** Beethoven은 우리말 표기를 어떻게 해야 할까? — 042
027 **Hold Me Tight** tight와 tightly는 어떻게 구분해 쓰나? — 043
028 **You Really Got A Hold On Me** get a hold on은 무슨 뜻일까? — 043
029 **I Wanna Be Your Man** wanna는 want to의 단축형 — 044
030 **Devil In Her Heart** devil이 사용된 숙어 — 045
031 **Not A Second Time** second time과 twice의 차이점 — 045
032 **Money(That's What I Want)** 이미 말한 것을 가리키는 that — 047

5th Single

033 **I Want To Hold Your Hand** hand가 사용된 숙어 — 048
034 **This Boy** 이 녀석은 누구인가? — 049

1964년의 비틀즈

독일어반 Single

035	Sie Liebt Dich(She Loves You)	052
036	Komm, Gib Mir Deine Hand(I Want To Hold Your Hand)	052

6th Single

037	Can't Buy Me Love 생략되어 있는 주어는?	052
038	You Can't Do That 노여움을 강하게 표현할 때	053

EP LONG TALL SALLY

039	Long Tall Sally 키다리 샐리는 여성	054
040	I Call Your Name 이름을 부르는 표현	055
041	Slow Down 무엇을 천천히 하고 싶은 걸까?	056
042	Matchbox 성냥갑과 같이 '작은 구멍'	057

7th Single

043	A Hard Day's Night 링고의 언어 감각으로 탄생한 제목	058
044	Things We Said Today things는 무엇인가?	059

3rd Album A HARD DAY'S NIGHT

	A Hard Day's Night (→ p. 058)	
045	I Should Have Known Better should+have+과거분사 = 해야 했는데 못 했다	061
046	If I Fell 상대방의 감정을 헤아리다	062
047	I'm Happy Just To Dance With You 키스는 하지 않아도 좋아	062
048	And I Love Her and의 용법	063
049	Tell Me Why 어째서 거짓말을 했을까?	064
	Can't Buy Me Love (→ p. 052)	
050	Any Time At All any time을 강조하는 at all	065
051	I'll Cry Instead instead = 그렇게 할 수가 없어	066
	Things We Said Today (→ p. 059)	

052	When I Get Home '~하면'이라는 의미의 when	067
	You Can't Do That (→ p. 053)	
053	I'll Be Back 시간 앞에 붙는 in, by, within	068

8th Single

054	I Feel Fine 감정의 표현법	069
055	She's A Woman 문법적으로는 맞지만 부자연스러운 말	070

4th Album BEATLES FOR SALE

056	No Reply 집까지 찾아갔는데…	072
057	I'm A Loser 나는 그 여자에게 버림받은 못난 놈	073
058	Baby's In Black '~을 입다'를 나타내는 in	074
059	Rock And Roll Music rock은 전후(좌우)로, roll은 좌우로 마구 흔들리다	074
060	I'll Follow The Sun follow에는 '보조하다'의 뜻이 없다	075
061	Mr. Moonlight 문라이트는 누구인가?	076
062	Kansas City/Hey-Hey-Hey-Hey! 캔사스? 캔자스? 어떤 것이 맞나?	077
063	Eight Days A Week 과장된 표현	077
064	Words Of Love '사랑하다', '좋아하다'는 말	078
065	Honey Don't 사랑하는 사람을 부르는 말	079
066	Every Little Thing 아무리 작은 것이라도 나를 위해	080
067	I Don't Want To Spoil The Party spoil의 쓰임	081
068	What You're Doing 당신은 나를 어떻게 하려는 거야?	082
069	Everybody's Trying To Be My Baby trying to의 활용	082

1965년의 비틀즈

9th Single

070	Ticket To Ride 라이드는 어디일까?	084
071	Yes It Is 자신의 생각을 긍정하다	085

10th Single

072	Help! help의 각종 활용 표현	086

| 073 | I'm Down I Feel Fine. ↔ I'm Down. | 087 |

5th Album HELP!

Help (→ p. 086)

074	The Night Before night before와 last night를 구분하자	089
075	You've Got To Hide Your Love Away hide로 실연을 자조적으로 표현하다	090
076	I Need You need의 쓰임	090
077	Another Girl another와 the other는 어떻게 다른가?	091
078	You're Going To Lose That Girl be going to와 will의 차이점	092

Ticket To Ride (→ p. 084)

079	Act Naturally 자연스럽게 연기하면…	093
080	It's Only Love only의 다양한 의미	094
081	You Like Me Too Much too much, too many를 사용한 표현	095
082	Tell Me What You See tell me의 쓰임	096
083	I've Just Seen A Face just = 방금	097
084	Yesterday yesterday는 어제? 과거?	098
085	Dizzy Miss Lizzy 운을 맞춘 표현	099

11th Single

| 086 | Day Tripper trip과 travel은 어떻게 다른가? | 100 |
| 087 | We Can Work It Out work out과 work it out | 101 |

6th Album RUBBER SOUL

088	Drive My Car 제목에서 생략되어 있는 말은?	104
089	Norwegian Wood(This Bird Has Flown) wood는 숲이 아니라 가구?	104
090	You Won't See Me will not은 '~하려고 하지 않다'	106
091	Nowhere Man 거처가 없는 남자의 노래	106
092	Think For Yourself 거짓말쟁이 여자여! 네 멋대로 해라!	107
093	The Word 예의 그 말 = 사랑이라는 말	108
094	Michelle 대천사 미카엘에서 유래한 이름	110
095	What Goes On 당신의 마음속은 어떤가요?	111

096	Girl girl, woman, lady 각각의 차이는?	112
097	I'm Looking Through You look이 사용된 숙어들	113
098	In My Life 문맥 따라 바뀌는 life의 의미	114
099	Wait 이제 곧 돌아가니까 기다리고 있어	114
100	If I Needed Someone 가정법 과거와 가정법 과거완료	115
101	Run For Your Life 필사적으로 도망치는 게 좋을 거야	116

1966년의 비틀즈

12th Single

102	Paperback Writer 페이퍼백이란 어떤 책?	120
103	Rain 여러 종류의 비	120

13th Single

104	Yellow Submarine sub가 앞에 붙는 단어	121
105	Eleanor Rigby 영어 이름의 애칭	122

7th Album REVOLVER

106	Taxman 여성 세무원은 뭐라고 하나?	125
	Eleanor Rigby (→ p. 122)	
107	I'm Only Sleeping '잠을 자다'와 관련된 표현들	125
108	Love You To 번역하기 어려운 제목인 이유	126
109	Here, There And Everywhere here나 there를 사용한 표현	127
	Yellow Submarine (→ p. 121)	
110	She Said She Said say 대신에 사용하는 말	129
111	Good Day Sunshine 날씨를 나타내는 형용사	130
112	And Your Bird Can Sing can의 용법	131
113	For No One 사람을 나타내는 one	131
114	Doctor Robert 경칭의 생략형	132
115	I Want To Tell You want가 사용된 긍정문	133
116	Got To Get You Into My Life get ~ into의 의미	134
117	Tomorrow Never Knows 속담을 흉내 낸 표현	135

Compilation Album A COLLECTION OF BEATLES OLDIES

118　**Bad Boy**　bad는 나쁘다? 멋있다?　　137

1967년의 비틀즈

14th Single

119　**Strawberry Fields Forever**　왜 '짚 과실'이 딸기인가?　　140
120　**Penny Lane**　lane, street, avenue의 차이는?　　140

8th Album SGT. PEPPER'S LONELY HEARTS CLUB BAND

121　**Sgt. Pepper's Lonely Hearts Club Band**　군대 계급을 나타내는 용어　　143
122　**With A Little Help From My Friends**　little과 a little의 차이는?　　144
123　**Lucy In The Sky With Diamonds**　with Diamonds의 정확한 뜻　　145
124　**Getting Better**　비교급의 규칙　　146
125　**Fixing A Hole**　fix의 여러 의미　　147
126　**She's Leaving Home**　leave의 용법　　148
127　**Being For The Benefit Of Mr. Kite**　for the benefit of = ~을 위하여　　149
128　**Within You Without You**　within과 without의 의미는?　　149
129　**When I'm Sixty-Four**　두 자리 숫자 표기법　　150
130　**Lovely Rita**　리타는 여성 교통경찰관　　151
131　**Good Morning Good Morning**　인사말 총정리　　152
132　**SGT. PEPPER'S LONELY HEARTS CLUB BAND(Reprise)**　철자는 같고, 발음은 다른 말들　　153
133　**A Day In The Life**　day의 의미들　　153

15th Single

134　**All You Need Is Love**　필요한 모든 것은 = ~만 있으면 족하다　　154
135　**Baby You're A Rich Man**　부자를 나타내는 말　　155

16th Single

136　**Hello Goodbye**　각종 반의어들　　156
137　**I Am The Walrus**　『거울나라의 앨리스』 캐릭터들의 등장　　157

9th Album MAGICAL MYSTERY TOUR

138	Magical Mystery Tour 마법과 관련된 말들	159
139	The Fool On The Hill fool이 사용된 숙어	160
140	Flying flying의 여러 의미들	161
141	Blue Jay Way 새 이름의 야구 구단	162
142	Your Mother Should Know 조동사 should	163

I Am The Walrus (→ p. 157)

Hello Goodbye (→ p. 156)

Strawberry Fields Forever (→ p. 140)

Penny Lane (→ p. 140)

Baby You're A Rich Man (→ p. 155)

All You Need Is Love (→ p. 154)

1968년의 비틀즈

17th Single

143	Lady Madonna lady와 Lady의 차이점	166
144	The Inner Light 정관사 the의 발음 규칙	166

18th Single

145	Hey Jude 주드는 누구인가?	167
146	Revolution 존 레논이 생각하는 혁명	168

10th Album THE BEATLES

147	Back In The U.S.S.R. back in과 back to의 차이는?	170
148	Dear Prudence 보통명사 prudence	171
149	Glass Onion 유리 양파란 무엇인가?	171
150	Ob-La-Di, Ob-La-Da '오브-라-디 오브-라-다'란 무엇인가?	172
151	Wild Honey Pie wild의 의미들	173
152	The Continuing Story Of Bungalow Bill 버펄로 빌을 흉내 낸 이름	173
153	While My Guitar Gently Weeps while과 during의 차이점	174

154	**Happiness Is A Warm Gun** 따뜻한 총이 의미하는 것은?	175
155	**Martha My Dear** dear에 대하여	176
156	**I'm So Tired** '지치다'라는 뜻의 말들	177
157	**Blackbird** 주변의 새 이름들	177
158	**Piggies** 복수형 만드는 법	178
159	**Rocky Raccoon** 미국너구리와 관련된 노래?	179
160	**Don't Pass Me by** pass by~와 pass ~ by의 차이점	180
161	**Why Don't We Do It In The Road?** '~하자'라는 권유 표현	180
162	**I Will** 의지가 담긴 미래를 나타내는 will	181
163	**Julia** 줄리아와 줄리안의 관계	182
164	**Birthday** 기념일을 표현하는 말들	182
165	**Yer Blues** yer는 your의 속어	183
166	**Mother Nature's Son** mother가 사용된 표현	184
167	**Everybody's Got Something To Hide Except Me And My Monkey** My Monkey란 누구인가?	185
168	**Sexy Sadie** sexy에는 '멋있다'는 뜻도 있다	186
169	**Helter Skelter** '미끄럼틀'에서 '허둥지둥'	187
170	**Long, Long, Long** 당신을 찾아내기까지 오랜 시간이 걸렸다	187
171	**Revolution 1** revolution의 동사와 형용사는?	188
172	**Honey Pie** 사랑하는 사람에 대한 호칭	189
173	**Savoy Truffle** dessert, sweets, dolce의 차이점	190
174	**Cry Baby Cry** 『마더 구스』의 영향을 받은 노래	190
175	**Revolution 9** 혁명가의 명언	191
176	**Good Night** 자기 전에 사용되는 관용어	192

1969년의 비틀즈

11th Album YELLOW SUMARINE

	Yellow Submarine (→ p. 121)	
177	**Only A Northern Song** 조지가 불만을 털어놓은 노래	195
178	**All Together Now** all together와 altogether의 차이점	196
179	**Hey Bulldog** 동물의 의인화 표현	197

180	It's All Too Much all의 용법	198
	All You Need Is Love (→ p. 154)	

19th Single

181	Get Back get back, come back, go back의 차이점	199
182	Don't Let Me Down let ~ down = disappoint	200

20th Single

183	The Ballad Of John And Yoko ballad와 ballade의 차이점	201
184	Old Brown Shoe shoe를 사용한 표현	201

12th Album **ABBEY ROAD**

185	Come Together together가 쓰인 속담	204
186	Something -thing + 수식어	204
187	Maxwell's Silver Hammer 소유격 만드는 법	206
188	Oh! Darling 감탄사의 뜻	207
189	Octopus's Garden oct는 '8'이라는 뜻	208
190	I Want You(She's So Heavy) so, very, too의 용법	209
191	Here Comes The Sun 상대방의 주의를 끌 때 사용하는 here	210
192	Because 접속사 because의 용법	211
193	You Never Give Me Your Money never가 사용된 관용어	212
194	Sun King 태양왕은 누구인가?	213
195	Mean Mr. Mustard 머스터드는 사람이다	214
196	Polythene Pam 플라스틱에도 여러 가지가 있다	214
197	She Came In Through The Bathroom Window 우리말과 의미가 다른 영단어	215
198	Golden Slumbers golden과 gold의 차이점	216
199	Carry That Weight carry the weight와 carry weight의 차이점	217
200	The End end의 동의어	218
201	Her Majesty majesty는 '왕의 위엄'	219

21th Single

Something (→ p. 204)

Come Together (→ p. 204)

1970년의 비틀즈

22nd Single

202	Let It Be be는 '있는 그대로'	222
203	You Know My Name(Look Up The Number) 이름을 나타내는 단어	223

13th Album LET IT BE

204	Two Of Us 존은 노래 첫머리에서 뭐라고 하는가?	225
205	Dig A Pony dig의 의미	226
206	Across The Universe universe의 어원은 '모두를 하나로 하다'	226
207	I Me Mine 왜 my가 빠져 있을까?	227
208	Dig It 속어 dig	228
	Let It Be (→ p. 222)	
209	Maggie Mae Mae는 May와 발음이 같다	229
210	I've Got A Feeling I've got = I have	230
211	One After 909 숫자 읽는 법	231
212	The Long And Winding Road long and winding과 long winding의 차이점	232
213	For You Blue blue는 실은 blues였다는 수수께끼	233
	Get Back (→ p. 199)	
	이것으로 오디션에 합격하면 좋겠는데	234

참고 문헌 236

옮긴이의 말 237

1962

10/5   1st Single
LOVE ME DO/P.S. I LOVE YOU

1963

1/11   2nd Single
PLEASE PLEASE ME/ASK ME WHY

3/22   1st Album
PLEASE PLEASE ME

4/12   3rd Single
FROM ME TO YOU/THANK YOU GIRL

8/23   4th Single
SHE LOVES YOU/I'LL GET YOU

11/22 2nd album
WITH THE BEATLES

11/29 5th Single
I WANT TO HOLD YOUR HAND/THIS BOY

1962년과 1963년의 비틀즈

1st SINGLE　　　　　　　　　　　　　　　1962.10.5.

001
　　　　　　　　　　　　　　　　　　　　　McCartney-Lennon
Love Me Do

마지막 단어 do의 의미는?

「Love Me Do」에서 do는 문장을 강조하기 위해 쓰였는데 굳이 번역하면 '제발'이란 뜻이다. 부탁하는 느낌으로 '나를 사랑해줘!'라고 호소하는 제목이다.
본래 Love me do를 강조하면 Do love me가 되지만, 이 곡에서는 뒤에 이어지는 가사 You know I love you(내가 당신 사랑하는 거 알잖아요.)의 you와 운을 맞추면서 어순이 바뀌었다.
강조를 뜻하는 do는 보통 다음과 같이 사용된다.

> Do write to me.
> 제발 편지를 써주세요.
> Do come and see us again.
> 제발 다시 만나러 와주세요.

이와 같은 문장은 do가 있든 없든 의미는 같지만, do를 붙임으로써 말하는 사람의 열의를 전달할 수 있다.
비틀즈의 데뷔곡 「Love Me Do」는 크게 히트하지는 못하고, 영국 차트 17위까지 올랐다.

002
　　　　　　　　　　　　　　　　　　　　　McCartney-Lennon
P.S. I Love You

추신으로 사랑을 전하다

'이 편지를 쓸 때'라는 의미의 "As I write this letter."로 시작되는 이 곡의 가사는 편지 사연 형태로 되어 있다.

p.s.는 postscript의 약어로 post는 '후의/다음의'는 뜻을 나타내는 접두사이고, script는 '각본/원고'를 뜻하는 단어인데, 두 말이 합쳐지면 '추신'이란 의미가 된다.
이 곡은 사랑하는 마음을 담은 편지로, 마지막에 "P.S. I love you(추신: 당신을 사랑합니다)."라며 노래를 부른다.
앞에 post가 붙는 말을 예로 들면 다음과 같다.

    p.m.(post meridiem) 오후　＊ meridiem: noon(정오)를 의미하는 라틴어
    postwar 전후
    PTSD(post-traumatic stress disorder) 외상 후 스트레스 장애
    postpone 연기하다
    postgraduate 대학원생
    postmortem 검시/부검

그 밖에도 '앞의'라는 뜻을 나타내는 접두사로 pre나 ante가 있는데, '오전'을 뜻하는 a.m.은 ante meridiem의 약어다.
「P.S. I Love You」는 데뷔 싱글 「Love Me Do」의 B면에 수록되었다.

2nd SINGLE　　　　　　　　　　　　　　　　　　　　　　　1963.1.11.

003

Please Please Me

McCartney-Lennon

첫 번째 please는 '제발', 두 번째 please는?

두 개의 please는 그 의미가 각각 다르다. 첫 번째 please는 '제발'이라는 뜻의 부사이고, 두 번째 please는 '기쁘게 하다/즐겁게 하다'라는 뜻의 동사로, 노래 제목은 '제발 나를 즐겁게 해줘.'라고 풀이된다.
일부러 의미가 다른 please를 두 개 겹쳐놓은 제목으로, 새로운 말을 만드는 재주가 아주 뛰어난 존 레논다운 노래이다. '내가 당신을 즐겁게 해주는 것처럼 제발 날 즐겁게 해주세요.'라는 내용을 담고 있다.

please가 '기쁘게 하다/기쁘다/만족시키다'의 뜻으로 사용된 문장을 예로 들면 다음과 같다.

It's difficult to please her.
그녀를 기쁘게 하는 것은 어렵다.
I am pleased to meet you.
만나서 반갑습니다.
We are very pleased with your work.
당신이 한 일에 대단히 만족합니다.

please를 사용할 때 주의해야 할 사항이 하나 있다. 명령문 앞에 부사 please를 붙이면 '~해주세요'라는 뜻이 되어 다소 공손한 표현이 되지만, 그렇더라도 명령문이라는 사실에 변함이 없다는 점이다.
상대방에게 실례가 되지 않도록 경어를 사용해 부탁할 때는 다음 예시들처럼 please 앞에 Could you나 Would you를 붙여서 상대방의 형편이나 의향을 묻는 의문문으로 말해야 한다.

Could you please repeat that?
다시 한번 말씀해주시겠습니까?
Would you please speak more slowly?
더 천천히 말씀해주시겠습니까?

「Please Please Me」는 비틀즈가 발표한 두 번째 싱글의 A면에 수록된 노래다. 데뷔곡이 나오고 3개월이 지난 뒤에 발매된 이 곡은 영국 「멜로디 메이커」지에서 1위를 기록했다.

Ask Me Why

McCartney-Lennon

제목에서 생략된 말은 무엇일까?

이 문장은 언뜻 명령문처럼 보이지만 실은 If you가 생략된 문장이다. 보통은 If you ask me why라고 말한다. '무슨 일인지 (이유를) 묻는다면'이란 뜻으로 다음과 같이 쓰인다.

> **If you ask me why, I'd say it wasn't the right time.**
> 내게 그 이유를 묻는다면, 타이밍이 나빴기 때문이었다고 대답할 것이다.

부정의 명령문 Don't ask me why라는 표현은 자주 사용된다. 직역하면 '이유는 묻지 말아줘.'인데 '뭐라 설명할 수는 없지만'이라고 옮기는 것이 좀 더 자연스럽다.

> **Don't ask me why, but I like her.**
> 뭐라 설명할 수는 없지만, 그녀가 좋다.

이 곡의 가사는 '나는 이제 비참한 나날과 안녕이야. 그 이유를 묻는다면, 당신을 사랑하고 있기 때문이라고 대답할 거야.'라는 내용이다.

1st ALBUM　　　　　　　　　　　　　　　　　　　　　1963.3.22.

PLEASE PLEASE ME

1. I Saw Her Standing There
2. Misery
3. Anna(Go To Him)
4. Chains
5. Boys
6. Ask Me Why
7. Please Please Me
8. Love Me Do
9. P.S. I Love You
10. Baby It's You
11. Do You Want To Know A Secret
12. A Taste of Honey
13. There's A Place
14. Twist And Shout

I Saw Her Standing There

McCartney-Lennon

지각동사의 쓰임

saw는 지각동사 see의 과거형이다. 지각동사란 watch, hear, feel 등과 같이 보거나 듣거나 느끼거나 하는 행위를 표현하는 동사다.
I saw her는 '나는 그녀를 보았다.'는 의미이고, standing there는 그때 그녀가 어떤 상태였는지를 설명한다. 즉 이 노래 제목은 '나는 거기 서 있는 그녀를 보았다.'라는 뜻이다.
노래는 '나는 거기 서 있는 그녀를 본 순간 한눈에 반했다.'는 내용을 담고 있다. 지각동사를 사용한 예문을 살펴보자.

> I saw him chatting with his friends.
> 그가 친구들과 재잘거리는 것을 보았다.
> I heard him singing a song.
> 그가 노래 부르는 것이 들렸다.

다음과 같이 ~ing 부분을 현재형으로 쓰기도 한다.

> I saw him enter the room.
> 그가 방으로 들어가는 것을 보았다.

이 문장은 'I saw him entering the room.'과는 의미가 약간 다르다.
enter일 때는 '방에 들어갈 때까지 보았다.', entering일 때는 '방에 들어가는 모습을 보았다.'라는 의미가 된다.
"One, two, three, four."라고 폴 매카트니가 카운트하는 소리를 시작으로 비틀즈의 첫 앨범은 시작된다. 데뷔 싱글 「Love Me Do」가 나온 지 약 3개월이 지나서 두 번째 싱글 「Please Please Me」가 발매되었고, 그로부터 약 2개월 반이 지나서 이 첫 앨범이 탄생했다.

006

Misery

McCartney-Lennon

미저리는 여성의 이름이 아니다

'미저리'는 영화로도 만들어진 스티븐 킹의 공포 소설 제목으로 잘 알려져 있는 말이다. 철자와 발음까지 같지만, 소설에서는 사람의 이름(그렇지만 이런 이름을 쓰는 사람은 없을 게다.)이고, 비틀즈가 만든 노래 제목은 '비참함'을 가리키는 명사다.
노래 제목은 '비참한 기분'이라는 뜻이다. 여자에게 차인 비참한 심정을 표현한 노래이지만, 정작 노래는 그렇게까지 어두운 느낌은 아니다.
misery라는 단어가 들어 있는 속담도 있다.

Misery loves company.
동병상련.

misery의 형용사는 miserable이다. 빅토르 위고의 소설 『레 미제라블』은 프랑스어로 『Les Miserables』인데 이는 '비참한 사람들'이란 뜻이다. 이 작품이 아주 오래전 일본에서 소개되었을 때에는 『아아 무조噫無情/ああ無情』, 해석하면 '오! 동정심이 없음'이라는 제목이었다.

007

Anna(Go To Him)

Arthur Alexander

가사에 go to him은 나오지 않지만…

Anna는 보통 '안나'라고 읽지만, 원어 발음은 '애너'에 더 가깝다. 디즈니 만화영화 「겨울왕국(Frozen)」의 여자 주인공의 이름이 바로 '안나'다.
노래 제목에 나오는 go to~는 '~로 가다'라는 뜻으로, 해석하면 '안나, 그에게로

가.'라는 말이 된다. 그런데 가사에 go to him이란 말은 나오지 않는다. 이유는 분명치 않다.

가사에는 go with him이라는 표현이 나온다. 이 말은 '그와 함께 가다/그와 사귀다'라는 뜻인데, 보통 '사귀다'는 표현으로 go with보다 go with out이 쓰인다.

How long have you been going out with him?
그와는 언제부터 사귀고 있는 거니?

이 노래의 가사는 '안나, 나는 너를 사랑하지만, 그가 널 더 사랑해준다면 그와 사귀어도 좋아.'라는 내용이다.

008

Gerry Goffin · Carole King

Chains

사랑의 사슬이 속박하다

chain은 '사슬/일련의 것'이란 뜻의 명사이다. chain of mountain이라고 하면 '산맥', chain reaction은 '연쇄 반응'을 뜻한다.
chain은 동사로 '사슬로 매다/속박하다'라는 뜻이다.

Chain the dog to the tree.
개를 나무에 사슬로 매둬라.
He is chained to work.
그는 일에 묶여 있다.

이 노래는 '사랑의 사슬이 나를 속박한다.'라는 내용을 담고 있다.
사슬의 고리 하나를 link라고 한다. the weakest link는 사슬 가운데서 가장 약한 고리를 가리키는 말로 다음과 같은 속담도 있다.

A chain is only as strong as its weakest link.
튼튼한 사슬이라도 약한 고리가 하나라도 있으면 그 부분이 끊어져버린다.

이 속담은 강해 보이는 팀이라도 취약한 멤버가 한 사람 있으면 전체의 힘이 떨어진다고 말할 때 사용된다.

009

Boys

Luther Dixon · Wes Farrell

남자는 언제까지나 boy

boy는 '소년'이란 말이지만, boy's room(남성용 화장실)과 같이 '남자'라는 뜻으로도 쓰인다.
장난을 치거나 까부는 남자를 보고, 여성이 '남자는 나이 들어도 애야. = 남자란 어쩔 수가 없어.'라는 의미로 "Boys will be boys."라고 말하는 경우가 있다. 이 곡은 연애 중인 남자와 관련된 내용을 담고 있다.

Ask Me Why (→ p.023)
Please Please Me (→ p.021)
Love Me Do (→ p.020)
P.S. I Love You (→ p.020)

010

Baby It's You

Mack David · Barney Williams · Burt Bacharach

It is ~ that 구문으로 안타까움을 노래하다

'(내가 사랑하는 사람은) 당신이야.'라고 안타까운 마음을 표현한 노래다. 이 곡의 가사에는 It is (not) ~ that… 문장이 있다. 일반적으로 영문법 수업에서 'It is (not) ~ that… 강조 구문'은 '…하는 것은 ~이다'라고 해석한다고 배우는 표현이다. It is의 뒤에 강조하고 싶은 어구를 넣고, that 이하의 문장에서 설명한다.

It is important that you take care of yourself.
중요한 것은 자신을 소중히 하는 일입니다. = 무리하지 마세요.
It is surprising that he was elected.
그가 당선된 것은 뜻밖이다.
It's not her attitude that annoys him.
그를 짜증나게 하는 것은 그녀의 태도가 아니다.
It was her appearance that attracted him.
그를 사로잡은 것은 그녀의 외모였다.

011

Do You Want To Know A Secret

McCartney-Lennon

알고 싶은 비밀이란 무엇일까?

Do you want to 뒤에 동사 원형(과 목적어)을 사용하는 것만으로, '(~을) ~하고 싶니?'라고 묻는 문장을 간단히 만들 수 있다.

Do you want to take a break?
휴식을 취하고 싶니?

다만 Do you want to~는 일상적인 표현이다. 상대방의 의향을 정중하게 물을 때는 Would you like to~를 사용한다.

Would you like to take a break?
휴식을 취하시겠습니까?
Would you like to come?
함께 오시지 않겠습니까?

Would you like to sit down?
앉으시겠습니까?

이 곡의 제목은 '비밀을 알고 싶니?'라는 뜻으로, 그 비밀이란 사랑하는 마음을 가리킨다. '비밀을 알고 싶니? 실은 나는 너를 좋아해.'라며 사랑으로 한껏 들떠 있는 남자의 마음을 표현하고 있다.

012

A Taste Of Honey

Bobby Scott · Ric Marlow

꿀맛이 어떤 맛이길래

taste는 '맛', have a taste of~는 '~을 맛보다/~을 약간 경험해보다'라는 뜻의 숙어다.
이 말은 다음과 같이 사용된다.

> Have a taste of this wine.
> 이 와인을 한 모금 마셔봐.
> They had a taste of country life.
> 전원 생활을 조금만 경험했다.

taste에는 '센스/감각'이란 뜻도 있다.

> He has good taste in music.
> 그는 음악에 감각이 있다.
> She has excellent taste in fashion.
> 그녀의 패션 감각은 특별히 뛰어나다.

이 곡에서 taste of honey란 '키스했을 때 느낀 맛'을 의미하며, 사랑할 때 느끼는 달콤한 기분을 노래하고 있다.

There's A Place

McCartney-Lennon

a place란 어디에 있는 장소일까?

There is a~는 기본적으로 '~(장소)에 ~(불특정한 사물이나 사람)이 있다'는 뜻이다.

> There is a house on the hill.
> 언덕 위에 집이 있다.
> There is cafeteria on the third floor.
> 3층에 카페테리아가 있다.

그런데 there is 구문이라고 해도 장소와 무관한 경우가 있다.

> There is a girl I like.
> 좋아하는 여자가 있다.
> Are there any questions?
> 질문 있습니까?

이 곡의 제목인 '장소가 있다.'만으로는 정확히 무슨 말인지 알 수가 없다. 그런데 가사를 살피면 '기분이 침울하고 마음이 울적할 때, 내게는 갈 수 있는 장소가 있다. 그것은 내 마음속. 거기에는 당신에 대한 추억이 있다.'는 설명이 나온다.

Twist And Shout

Phil Medley · Bert Russell

두 가지 동작을 동시에 할 때 쓰는 and

동사를 and로 연결하면 두 가지 동작을 동시에 하고 있는 것이 된다. twist and shout는 '트위스트를 추면서 크게 소리치다.'는 뜻이다. 예를 들어 eat and drink는 '먹고 마시다.'를 의미한다.

두 개의 명사가 and로 연결된 관용어의 경우, 한국어에서는 어순을 반대로 하는 것이 더 자연스러운 경우가 있는데 사례들을 한번 살펴보자.

>   my sister and I   나와 여동생
>   ladies and gentlemen   신사숙녀
>   mother and father   아버지와 어머니
>   right and left   좌우左右
>   the young and (the) old   노소老少
>   back and forth   전후前後
>   cats and dogs   개와 고양이(또는 견원지간)

비틀즈의 데뷔 앨범 『Please Please Me』는 존 레논의 대단한 열창으로 막을 내린다.

이 앨범은 발매와 동시에 영국에서 대히트를 쳤다. 영국 앨범 차트(「멜로디 메이커」지)에서 30주 연속으로 1위를 기록했다. 그 자리를 뺏은 것은 두 번째 앨범 『With The Beatles』였다. 이후 비틀즈는 무서운 기세로 앞으로 달려나가기 시작했다.

From Me To You

3rd SINGLE 1963.4.12. McCartney-Lennon

to you와 for you의 차이점

이 곡의 제목은 '내게서 당신에게로'라고 풀이된다. '원하는 것이 있다면 뭐든지 줄 거야. 사랑을 담아 당신에게로.'라는 내용을 담은 노래다.
'from~ to~'는 '~에서 ~로(까지)'의 뜻으로, from과 to 다음에 들어가는 말은 시간이든 장소든 사람이든 관계없다.

> The meeting is from 10 a.m. to 3 p.m.
> 회의는 오전 10시에서 오후 3시까지입니다.
> He moved from Toyko to Osaka.
> 그는 도쿄에서 오사카로 이사했습니다.
> This is a letter from my father to his brother.
> 이것은 아버지가 백부(또는 숙부)에게 보낸 편지입니다.

to you와 for you는 유사한 표현이지만 의미상 to you는 '당신에게(방향/도달점)', for you는 '당신을 위해(목적)'라는 차이가 있다. to와 for 중에서 어떤 것을 써야 할지 모를 때는, to you는 '당신에게', for you는 '당신을 위해'라고 생각하면 된다.

> I have a present <u>for you</u>.
> 당신을 위한 선물을 갖고 왔습니다.
> I wrote a letter <u>for you</u>.
> 당신을 위해 편지를 썼습니다.
> I wrote a letter <u>to you</u>.
> 당신 앞으로 편지를 썼습니다.
> Happy birthday <u>to you</u>.
> 축하한다는 말을 당신에게. = 생일 축하합니다.

016

Thank You Girl

McCartney-Lennon

감사를 나타내는 말들

girl은 젊은 여성을 부르는 말로, 이 곡은 자신을 사랑해주는 사람에게 고마운 마음을 전하는 내용이다.
감사하는 마음은 thank 이외에도 여러 단어를 사용해 표현할 수 있다.

> I <u>apprecitate</u> your kindness.
> 친절에 감사드립니다.
> I <u>am grateful for</u> your support.
> 협력에 감사드립니다.
> I <u>owe</u> you a lot.
> 모두 당신 덕분입니다.   * owe: 은혜를 입다

첫 번째 앨범 『Please Please Me』를 발매한 지 한 달도 지나지 않아 세 번째 싱글로 발매된 「From Me To You」는 영국 차트에서 처음으로 1위에 올랐다.

4th SINGLE   1963.8.23.

017

Lennon-McCartney

She Loves You

love의 현재·과거·미래

love의 현재·과거·미래는 다음과 같이 표현된다.

> She loves you.
> 그녀는 당신을 사랑해.

She loved you.
그녀는 당신을 사랑했어. = 지금은 이제 사랑하지 않아./그녀는 죽었어.
She will love you.
그녀는 얼마 안 있어 당신을 사랑하게 될 거야. = 지금 아직은 사랑하지 않아.

이 곡은 '그녀를 너를 사랑하고 있어. 너는 아주 행복한 사람이야.'라며 약간 쓸데없이 끼어들어(?) 친구를 축복하는 노래다.

018

I'll Get You

Lennon-McCartney

언젠가 너를 내 여자로 만들 거야

이 곡의 제목은 '나는 (언젠가) 당신을 손에 넣을 것이다.'라는 뜻이다.
get you의 뒤에 사물이 오면 '당신에게 ~을 사주다/갖다주다/불러주다'라는 뜻이 된다.

I'll get you a new car.
새 차를 사줄게요.
I'll get you something to drink.
마실 것을 갖다줄게요.
I'll get you a taxi.
택시를 불러드리죠.

2nd ALBUM 1963.11.22.

WITH THE BEATLES

영국에서 두 번째로 발매된 오리지널 앨범의 제목은 『With The Beatles』이나, 미국과 일본에서 발매된 편집반의 제목은 『Meet The Beatles』이다. 'meet+이름'은 사람을 소개할 때 쓰이는 표현이며, 이 앨범명은 해석하면 '비틀즈를 소개합니다./잘 부탁합니다.'라는 뜻이다.

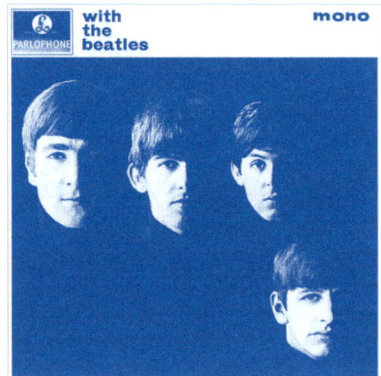

1 It won't Be Long
2 All I've Got To Do
3 All My Loving
4 Don't Bother Me
5 Little Child
6 Till There Was You
7 Please Mister Postman

8 Roll Over Beethoven
9 Hold Me Tight
10 You Really Got A Hold On Me
11 I Wanna Be Your Man
12 Devil In Her Heart
13 Not A Second Time
14 Money(That's What I Want)

019

It Won't Be Long

Lennon-McCartney

오래 걸리지 않는다

won't는 will not이라는 미래를 표현하는 어구의 단축형이다. 노래 제목은 '그렇게 오래 걸리지는 않는다.'의 뜻으로, 이 곡에는 당신과 함께하는 날이 곧 올 거라는 내용이 담겼다.

It won't be long은 '오래 걸리지 않는다./머지 않아.'의 뜻이며 이것만으로도 하나의 문장이 되나, 곧 일어날 일과 관련된 내용을 말할 때는 before를 사용한다. it은 before의 뒤에 나오는 말을 가리킨다. 또 before 뒤에 이어지는 동사는 미래의 일이라도 현재형으로 쓴다.

> It won't be long before you get well.
> 곧 건강해질 거야.
> It won't be long before they get married.
> 그들은 머지 않아 결혼할 거다.
> It won't be long before we know the truth.
> 진상은 곧 밝혀질 거다.

020

All I've Got To Do

Lennon-McCartney

have to의 일상적인 표현

have got to(have를 생략하는 경우도 있다)는 have to나 must의 일상적인 표현으로 '~해야 한다'는 뜻이다.

have got to는 다음과 같이 사용된다.

I've got to go now.
이제 가야겠어.
I gotta go.
이제 가야겠어. * gotta: got to보다 격식을 덜 차린 표현

all I've got to do는 '내가 해야 하는 것은 ~뿐, 이제는 ~하기만 하면 된다'는 뜻이다. 그런데 가사에 '전화해주기만 하면 돼.', '귓전에 대고 속삭이기 시작하면 돼.'라는 말이 있으므로, 제목은 '하기만 하면 돼.'라는 뜻이 된다.

021

All My Loving

Lennon-McCartney

love와 loving의 차이점

loving은 명사로, 노래 제목은 '내 사랑을 모두'라는 뜻이다.
명사일 때 love는 '사랑', loving은 '애정/사랑하는 것' 정도의 의미 차이가 있다. 보통 '내 사랑 모두'라고 말할 때는 all my love라고 한다(레드 제플린이 부른 노래 중에 이런 제목이 있다).
loving은 대개 '애정이 깊은/다정한'과 같은 뜻의 형용사로 사용된다.

She is a loving mother.
그녀는 애정이 깊은 어머니입니다.

강한 사랑을 표현하는 문장을 예로 들면 다음과 같다.

I will give you all my love.
내 모든 사랑을 당신에게 바친다.
She is the love of my life.
그녀는 내가 가장 사랑하는 사람이다.

Don't Bother Me

Harrison

부정 명령문에 사용된 bother

bother는 '~을 귀찮게 하다/방해하다/괴롭히다'라는 뜻의 타동사다. Don't bother me는 부정 명령문으로 '나를 귀찮게 하지 마.'라는 뜻이다. 이 노래는 '그녀에게 차인 지금은 누구와도 말하고 싶지 않아. 내버려둬.'라는 내용을 담고 있다.

bother가 타동사로 사용된 문장들은 다음과 같다.

> I'm sorry to bother you.
> 방해해서 미안합니다.
> It doesn't bother me at all.
> 그건 내게 전혀 방해되지 않습니다.
> Something is bothering me, but I don't know what.
> 무언가 나를 귀찮게 하지만, 그게 무엇인지 모르겠다.

bother가 자동사일 때는 다음처럼 사용된다.

> Don't bother to call me back.
> 일부러 전화를 다시 걸지 않아도 괜찮습니다.

『곰돌이 푸Winnie The Pooh』의 주인공 푸는 'Oh, bother!'라는 말을 자주 한다. 이때 쓰인 bother는 감탄사로 '에이 참!/쳇!/지겨워!' 등으로 풀이할 수 있다.

Little Child

Lennon-McCartney

little과 small의 차이점

little과 small은 모두 작다는 의미인데, little은 귀여운 느낌을 주고, small은 객관적으로 크기가 작다는 의미를 전달한다.
이 곡의 제목 「Llittle Child」는 '귀여운 아이'로 해석되며, 보통은 '어린아이'를 가리킨다. 어린아이를 나타내는 말에는 small child나 young child 등이 있다.
little, small, young을 사용한 예문은 다음과 같다.

> **He is my little brother.**
> 이 아이는 제 남동생입니다.
> **I bought a small cup of coffee.**
> 스몰 사이즈 커피를 샀습니다.
> **Passengers with young/small children, please board the plane first.**
> 어린이를 동반한 승객 분들부터 먼저 기내로 탑승해주십시오.

막 태어난 아기부터 성장한 아이까지를 나타내는 말을 소개한다.

> **newborn(신생아) → baby(아기) → infant(아직 걷지 못하는 아이) → toddler(아장아장 걷는 아이) → child(아이)**

이 곡은 '귀여운 아이야. 나랑 춤추지 않을래?'라는 단순한 내용을 담고 있다.

024

Till There Was You

| Meredith Wilson

till과 until의 차이점

till과 until은 '~까지'라는 뜻의 동의어이나, 격식을 차릴 때는 주로 until을 사용한다.
till과 until을 사용한 예문은 다음과 같다.

She didn't come home till/until nine o'clock.
그녀는 9시까지 돌아오지 않았다. = 9시가 되어 겨우 돌아왔다.
Just wait till/until you see it.
여하튼 볼 때까지 기다려줘.
We walked till/until we came to village.
우리는 마을에 다다를 때까지 계속 걸었다. = 걷고 있는 사이에 마을에 다다랐다.

「Till There Was You」는 '당신을 만날 때까지'라는 뜻이며 이 곡에는 '당신을 만나고 나서 내 세계는 근사해졌다.'라는 내용이 담겼다.

025

Georgia Dobbins · William Garrett · Brian Holland · Robert Bateman · Freddie Gorman

Please Mister Postman

영국에서는 postman, 미국에서는 mailman

우편배달원 postman은 영국에서 쓰는 말이고, 미국에서는 mailman이라고 한다.
-man, -woman이란 표현은 일상 회화에서는 지금도 사용하지만, 성차별을 피하기 위해 공식적으로는 mail person이나 mail carrier 등과 같은 성중립적인 (gender-neutral) 말을 사용한다. 같은 이유로 경찰관 policeman은 police officer, 소방관 fireman은 fire fighter라고 한다.
노래 제목은 '부탁이에요, 우체부 아저씨.'라는 뜻이다. 이 곡은 '우체부 아저씨, 잠깐만 기다려주세요. 내게 온 편지 없나요? 오랫동안 어느 여자한테서 편지가 오기를 기다리고 있어요.'라는 내용이다.

Roll Over Beethoven

Chuck Berry

Beethoven은 우리말 표기를 어떻게 해야 할까?

roll over는 보통 '자다가 몸을 뒤척거리다/뒹굴다'라는 뜻이나, 'roll over+목적어'는 미국에서 쓰는 속어로 '~을 해치우다'라는 뜻이다.

> **I rolled over in my bed.**
> 침대에서 자다가 몸을 뒤척거렸다.
> **The truck rolled over on the road.**
> 트럭은 도로에서 뒹굴었다.

외래어는 외국에서 들어와 우리말처럼 쓰이는 말로, 그 표기법이 정해져 있을 만큼 표기하기가 까다롭다. 그나마 친숙한 언어인 영어도 어려운데, 독일어나 프랑스어 등 낯선 언어는 표기하는 것이 쉽지 않다. 특히 유명인의 이름을 잘못 표기하는 경우가 많다. 몇 가지 사례를 살펴보면 다음과 같다.

> **Bach** 바흐(o) 바하(x)
> **Mozart** 모차르트(o) 모짜르트(x)
> **Roosebelt** 루스벨트(o) 루즈벨트(x)
> **Holmes** 홈스(o) 홈즈(x)
> **McCartney** 매카트니(o) 맥카트니(x)
> **Beckenbauer** 베켄바워(o) 베켄바우어(x)
> **Gogh** 고흐(o) 고호(x)
> **Gershwin** 거슈인(o) 거쉬인(x)
> **Malthus** 맬서스(o) 맬더스(x)
> **Marx** 마르크스(o) 맑스(x)

척 베리가 불러 많은 뮤지션이 커버한 이 곡은 일본에서 「베토벤을 날려버려ベートーベンをぶっとばせ」라는 제목으로 번안되어 발표됐었다. 노래는 'DJ가 들려주기를 원하는 것은 베토벤이 아냐. 내가 듣고 싶은 것은 로큰롤이야.'라는 내용을 담고 있다.

Hold Me Tight

Lennon-McCartney

tight와 tightly는 어떻게 구분해 쓰나?

tight는 형용사(단단한)이자 부사(단단히)인데 이 곡에서는 부사로 쓰였다. 노래 제목은 '나를 꼭 안아줘.'라는 뜻이다.

> **Sleep tight.** 푹 자.
> **Hold tight.** 꼼짝 마라./당황하지 마.
> **Keep your eyes shut tight.** 눈을 꼭 감아주세요.

tightly라는 부사도 있다. 뜻은 tight와 같지만, hold me나 sleep을 수식할 때는 tightly를 사용하지 않는 것이 자연스럽다. 다음과 같은 경우에는 tightly를 사용한다.

> **Make sure the cap is tightly screwed.**
> 마개는 반드시 단단히 조일 것.
> **This fabric is tightly woven.**
> 이 옷감은 촘촘하게 짜여 있다.

You Really Got A Hold On

MeWilliam Smokey Robinson

get a hold on은 무슨 뜻일까?

노래 제목에 있는 hold는 명사다. get a hold on은 '~을 꽉 붙잡다'라는 뜻으로 다음과 같이 사용한다.

I got a hold on the banister and descended the stairs.
난간을 꽉 붙잡고 계단을 내려갔다.

단지 'Hold on.'이라고 말하는 경우는 상황에 따라 뜻이 달라진다.
전화 상대방에게 말한다면 '(전화 끊지 말고) 기다려주세요.', 궁지에 몰린 사람에게 말한다면 '참고 견뎌라.'가 된다.
이 곡의 제목은 '당신은 나를 완전히 사로잡고 있다.'라는 뜻으로, 사랑에 빠진 남자의 괴로운 심정을 표현한 노래다.

029

I Wanna Be Your Man

Lennon-McCartney

wanna는 want to의 단축형

wanna는 want to의 단축형이다. wanna와 같이 생략하여 발음되는 단어는 이 밖에도 다음과 같은 예가 있다.

going to	→	gonna	got to	→	gotta
ought to	→	oughta	kind of	→	kinda
give me	→	gimme	don't know	→	dunno
let me	→	lemme	because	→	cause/cos/cuz

모두 자주 사용되지만 어디까지나 일상적인 표현이라 격식을 차릴 때에는 쓰지 않는다.
노래 제목인 「I Wanna Be Your Man」은 '당신의 연인이 되고 싶다.'라는 뜻이다. 예전 일본어 노래 제목은 「애인이 되고 싶어彼氏になりたい」였다.

Devil In Her Heart

Richard Drapkin

devil이 사용된 숙어

devil은 '악마'를 가리키며, 이 노래 제목은 '그녀의 마음속에 있는 악마'라는 뜻이다. 한 여인을 사랑하는 남자의 고뇌를 담은 노래다.
devil을 사용한 숙어를 소개한다.

> **give~ (사람) the devil**
> ~을 아주 엄하게 꾸짖다
> **play the devil's advocate**
> (논의를 활발히 하기 위해) 일부러 반대 의견을 말하다
> **raise the devil**
> 큰 소동을 벌이다/들떠서 떠들다
> **The devil's own luck**
> 엄청난 행운(악운)

속담도 있다.

> **Speak of the devil(and he is sure to appear).**
> 악마에 대해 말하면 반드시 나타난다. = 호랑이도 제 말 하면 온다.
> **The devil finds work for idle hands to do.**
> 한가한 시간을 주체 못 하는 사람에게 악마는 일을 준다. = 소인이 한가하면 자칫 나쁜 짓을 한다.

Not A Second Time

Lennon-McCartney

second time과 twice의 차이점

second time은 '두 번째'이고, 노래 제목은 '두 번째는 없어.', 즉 '이젠 됐어.'라는 뜻이다.

second는 순서를 나타내는 서수다. 서수를 만드는 법과 철자, 생략형, 주의점은 다음과 같다.

숫자	철자	생략형	주의점
1	first	1st	
2	second	2nd	
3	third	3rd	
4	fourth	4th	4 이후는 숫자 +th
5	fifth	5th	
6	sixth	6th	발음은 식스스[siksθ]
7	seventh	7th	
8	eighth	8th	eight의 t를 빼고 + th, 발음은 에이스[eitθ]
9	ninth	9th	nine의 e를 빼고 + th, 발음은 나인스[nainθ]
10	tenth	10th	
11	eleventh	11th	
12	twelfth	12th	twelve의 ve를 f로 변경 +th
20	twentieth	20th	20, 30 등은 맨끝의 y를 ie로 변경 +th
21	twenty-first	21th	10과 1 자릿수 사이에 하이픈을 넣는다
90	ninetieth	90th	ninth와 달리 nine의 e를 빼지 않는다
100	hundredth	100th	발음은 헌드레(드)스[hʌndrə(d)θ], d는 거의 발음하지 않는다
1000	thousandth	1000th	발음은 사우전(드)스[θaʊzn(d)θ], d는 거의 발음하지 않는다
1000000	millionth	1000000th	

두 자릿수 이상은 맨 끝의 숫자를 서수로 한다.

32nd = thirty-second

88th = eighty-eighth

99th = ninety-ninth

153rd = one hundred (and) fifty-third

700th = seven hundredth

2345th = two thousand three hundredth (and) forty-fifth

노래 제목과 같이 '서수+time'은 '~회째/~번째'의 뜻이다.

> I went fishing for the first time in my life yesterday.
> 어제 생전 처음 낚시를 했습니다.
> This is my third time in Japan.
> 일본에 온 것은 이번이 세 번째입니다.

이제 노래 제목을 살펴보자. '두 번 다시는 싫은 것'이 무엇일까? 떠난 적이 있는 그녀가 다시 돌아왔기에 또다시 괴로워지는 일이 싫다는 것이다.
횟수는 1회라면 once, 2회는 twice, 3회 이상은 '숫자(기수)+times'로 표기한다.

> She takes piano lessons once a week.
> 그녀는 주 1회 피아노 레슨을 받습니다.
> We see each other twice a month.
> 우리는 한 달에 두 번 만납니다.
> He goes to New York three times a year.
> 그는 한 해 세 번 뉴욕에 갑니다.

032

Money(That's What I Want)

Janie Bradford · Berry Gordy

이미 말한 것을 가리키는 that

노래 제목은 '돈(그것이 내가 원하는 것)'이란 뜻이다.
대명사 that(복수는 those)은 이미 언급되어 있는 것, 상황으로 판단할 수 있는 사람과 물건, 사정, 때를 나타낸다.

> That is her mother.
> 저분이 그녀의 어머님입니다.

that은 this와 비교해 좀 더 먼 쪽을 가리킬 때에 사용된다.

This is my brother and that is my uncle.
이쪽은 제 형이고 저분은 제 삼촌입니다.

다음과 같은 숙어도 있다.

That's it.
바로 그거야./그게 문제다./이걸로 끝이다.
Let it go at that.
거기까지만 해놓자./이제 마음에 두지 마.
They got married last Saturday, that is to say, February 14th.
그들이 결혼한 날은 지난주 토요일, 다시 말하면 2월 14일입니다.

5th SINGLE　　　　　　　　　　　　　　　　　　　　1963.11.29.
033
　　　　　　　　　　　　　　　　　　　　　　　　　Lennon-McCartney

I Want To Hold Your Hand

hand가 사용된 숙어

영국에서는 다섯 번째 싱글이지만, 일본에서 비틀즈는 이 곡으로 1964년 2월 5일에 데뷔했다. 노래 제목은 '네 손을 잡고 싶어.'라는 뜻이다.
hand를 사용한 숙어를 소개하면 다음과 같다.

They were walking hand in hand.
그들은 손을 잡고 걷고 있었다.
They were living from hand to mouth.
그들은 하루 벌어 하루를 살고 있었다.
I have to hand in my homework today.
숙제를 오늘 제출해야 한다.

He won the race hands down.
그는 레이스에서 쉽게 이겼다.
Hands up! 손 들어!
Hands off. 손대지 마.
I'm going to get my hands on him.
그 녀석을 꼭 붙잡을 거다.

덧붙여 말하면 firsthand는 '직접', secondhand는 '간접'이란 뜻이다.

I heard the news firsthand.
그 소식을 본인에게 직접 들었습니다.
I heard the news secondhand.
그 소식을 다른 사람에게 전해 들었습니다.

034

Lennon-McCartney

This Boy

이 녀석은 누구인가?

일본에서 싱글로 발매되었을 때의 노래 제목은 「이 남자こいつ」였다. 이 곡에서는 자신을 가리킨다.
가사에는 '그 녀석(that boy)이 내 연인을 빼앗아 갔어. 하지만 이 녀석(this boy)은 그녀가 내게 돌아오기를 바라고 있어.'라는 내용이 담겨 있다.
지시대명사 this는 다음과 같이 사용된다.

[눈앞에 있는 그림을 보며] This painting is beautiful.
이 그림은 멋지다.
[전화로] Hello, this is Paul.
여보세요, 저는 폴입니다.
[사람을 소개할 때] This is Mr. Jones.

이분은 존스 씨입니다.

'지금부터 말하는 것'을 가리키는 경우도 있다.

This is how you do it.
이렇게 하면 됩니다(지금부터 가르쳐드리겠습니다).
I met this girl yesterday.
어제 어떤 여자를 만났어(지금부터 그 여자에 대해 자세히 말할게).

1964

1964년의 비틀즈

3/5 독일어반 Single
SIE LIBET DICH/KOMM, GIB MIR DEINE HAND

3/20 6th Single
CAN'T BUY ME LOVE/YOU CAN'T DO THAT

6/19 EP
LONG TALL SALLY

7/10 7th Single
A HARD DAY'S NIGHT/THINGS WE SAID TODAY

3rd Album
A HARD DAY'S NIGHT

11/27 8th Single
I FEEL FINE/SHE'S A WOMAN

12/4 4th Album
BEATLES FOR SALE

독일어반 SINGLE   1964.3.5.

035

Sie Liebt Dich

「She Loves You」의 독일어 버전

「Sie Liebt Dich」는 「She Loves You」를 그대로 독일어로 번역한 제목이다.

036

「I Want To Hold Your Hand」의 독일어 버전

Komm, Gib Mir Deine Hand

「Komm, Gib Mir Deine Hand」는 '어서, 손을 내밀어봐.'라는 뜻이다.
「Sie Liebt Dich」와 「Komm, Gib Mir Deine Hand」는 모두 『Past Masters』에 수록되어 있다.

6th SINGLE   1964.3.20.

037

Lennon-McCartney

Can't Buy Me Love

생략되어 있는 주어는?

이 제목에는 주어가 생략되어 있다.
'buy+사람+사물'은 '~(사람)에게 ~(사물)을 사주다'라는 뜻의 구문인데, 이 곡의 제목에서는 주어 money가 생략되어 있다. 직역하면 '돈은 내게 사랑을 사줄 수 없다.', 다시 말해 '사랑은 돈으로 살 수 없다.'라는 뜻이다.
영어의 명령문에서는 주어 you가 대개 생략된다.
'buy+사람+사물'과 관련된 예문을 소개하면 다음과 같다.

Can I buy you a drink?
제가 음료수를 살게요.
I bought her a ring.
그녀에게 줄 반지를 샀습니다.

038

You Can't Do That

Lennon-McCartney

노여움을 강하게 표현할 때

이 곡의 제목은 '너는 그런 것을 할 수 없다.'라는 뜻이 아니다. '(너) 뭐 하고 있는 거야.'라는 뜻으로, 용서할 수 없다는 강한 노여움을 나타내는 표현이다. 가사는 '이다음에 그 녀석과 말하다 걸리면 끝이야. 그러지 말라고 전에도 말했을 거야.'라는 내용을 담고 있다.
can't에는 '~할 수 없다'는 뜻 이외에 '~할 리가 없다/~일 리가 없다' 등의 뜻이 있다.

It can't be true.
사실일 리가 없다. = 거짓말일 게 뻔하다.
You can't be serious.
진심일 리가 없다. = 설마 농담이겠죠.
You can't be too careful.
아무리 조심해도 지나칠 것은 없다.

| EP | 1964.6.19. |

LONG TALL SALLY

1 Long Tall Sally
2 I Call Your Name
3 Slow Down
4 Matchbox

039

Long Tall Sally

Enotris Johnson · Richard Penniman · Robert Blackwell

키다리 샐리는 여성

Sally는 Sarah나 Sandra의 닉네임으로 여성의 이름이다. tall만으로 키가 크다는 뜻이 전달되는데 long까지 붙어 있는 이유는 무엇일까. 아마 키가 크다는 것을 강조하려는 의도가 있거나 tall만으로는 리듬이 잘 맞지 않기 때문일 것이다.

체형을 나타내는 영어에는 다음과 같은 말이 있다.

short	키가 작은
slim	호리호리한
slender	날씬한
skinny	말라빠진
boney	뼈만 앙상한 * bone: 뼈
hourglass	(모래시계처럼) 허리가 잘록한
muscular	근골이 늠름한
lean	군살이 없이 근육질인
medium built	보통 체격 * built: 체격
stocky	단단한/땅딸한
sturdy	튼튼한/단단한
plump	통통한 * 아이나 여성에게 쓰인다.
chubby	오동통한 * 주로 아이에게 쓰인다.

일본에서 이 곡이 싱글로 발매되었을 때의 제목은 「키다리 샐리のっぽのサリー」였다. 존 아저씨와 키다리 샐리라는 여성이 연애하는 내용이 담겼기 때문이다.

040

I Call Your Name

Lennon-McCartney

이름을 부르는 표현

'call+사람+name'은 '~(사람)의 이름을 부르다'는 뜻으로, 노래 제목을 그대로 해석하면 '나는 당신 이름을 부른다.'이다. 이 곡은 '나는 당신 이름을 부르지만, 당신은 없네. 나는 견딜 수가 없어.'라는 내용을 담고 있다.
한편 'call+사람+names'로 name이 복수로 바뀌면, '~(사람)을 욕하다'라는 뜻이 된다.

Don't call him names.
그를 욕하지 마.
His colleagues called him names behind his back.
동료들은 뒤에서 그를 험담했다. * behind someone's back: 뒤에서

'~(사람)을 이름이나 성으로 부르다'라고 말할 때는 by를 사용한다.

I hope you don't mind if I call you by your first name.
이름으로 불러도 상관없습니까?
They call each other by their first names.
그들은 서로 이름을 부른다.

041

Slow Down

Larry Williams

무엇을 천천히 하고 싶은 걸까?

slow down은 '속도를 줄이다/침착하다/당황하지 마'라는 뜻으로, 다음과 같이 사용된다.

Let's slow down.
(초조하게 굴지 말고) 침착하게 하자.
I don't want to slow you down.
당신의 속도를 떨어뜨리고 싶지 않아. = 걸림돌이 되고 싶지 않아.

slow down의 반대말은 slow up이다. slow down은 '활기가 없다'는 뜻으로도 쓰인다.

Business was slow today.
오늘은 (손님이 적어서) 한가했다.

이 곡에서 slow down은 '천천히 걸어줄래.'라는 뜻이다. '그렇게 빨리 걷지 말고 나와 함께 천천히 걷지 않을래.'라는 내용을 담은 노래이다.

042

Matchbox

Carl Perkins

성냥갑과 같이 '작은 구멍'

matchbox는 성냥갑을 가리키며 아주 작은 구멍을 뜻하기도 한다. 이 곡은 '나는 홀로 멍하니 앉아서 옷에 나 있는 (성냥갑 구멍처럼) 작은 구멍을 보고 있어.'라며 구슬픈 심정을 표현하고 있다.

We lived in a matchbox of a house with no yard.
우리는 마당도 없는 작은 집에서 살았습니다.

성냥개비는 match나 matchstick, '성냥을 긋다'라고 표현할 때는 light나 strike를 사용한다.

She lighted/struck a match.
그녀는 성냥을 그었습니다.   * struck: strike의 과거형

matchstick은 '가늘다/살이 빠지다'라는 뜻으로 비유할 때 쓰인다.

She was as thin as a matchstick.
그녀는 성냥개비처럼 말랐다.

7th SINGLE

043

1964.7.10.

Lennon-McCartney

A Hard Day's Night

링고의 언어 감각으로 탄생한 제목

링고 스타가 영화 촬영을 끝내고 "It was a hard day."라고 말하다가 이미 밤이 되었다는 것을 알았다고 한다. 그래서 "…'s night"라고 덧붙였는데 이 말이 존과 폴의 귀를 사로잡아 제목으로 채택된 노래다.

day는 아침부터 밤까지 하루를 가리키기에 본래는 'It's been a hard day.'라고 하면 된다. 그런데 night를 덧붙임으로써 '고된 낮의 밤'이라는 뜻의 이상한 표현이 되었으나, '고된 하루의 밤'으로도 해석할 수 있다.

제목에서는 생략되었는데, 가사를 살펴보면 링고가 말한 It was라는 과거형이 아니라 It's been이라는 현재완료형이 쓰였다. 과거형은 '이미 끝난 것'을 나타내는 데 비해 현재완료형은 '과거에서 현재까지 계속되었다/계속되고 있다'는 뜻이라 여운이 느껴진다.

>It was a hard day.
>힘든 하루였다. * 여운이 없다.
>It's been a hard day.
>(지금에 이르기까지) 힘든 하루였다. * 여운이 있다.

hard 대신에 tough, busy를 사용할 수도 있다.

>It's been a tough day.
>고달픈 하루였다.

이 곡의 일본어 제목은 발매된 이후 줄곧 「비틀즈가 온다, 야! 야! 야!ビートルズがやって来るヤァ!ヤァ!ヤァ!」였는데, 2009년에 발매된 리마스터 CD부터 원제목 표기를 살렸다.

Things We Said Today

Lennon-McCartney

things는 무엇인가?

노래 제목은 '오늘 둘이서 말한 것'이란 뜻이다. 가사를 들으면 둘이서 말한 것이 연인끼리 주고 받은 사랑의 맹세라는 것을 알 수 있다. thing은 '물건/것/문제' 등 넓은 의미로 사용된다.

> **Things are going well.**
> 모든 일이 잘 되어간다.
> **The thing is, she doesn't trust me.**
> 문제는, 그녀가 나를 믿지 않는 것이다.
> **First things first.**
> 제일 중요한 것부터 먼저 해야 한다.
> **He can't see things straight.**
> 그는 사물을 똑바로 볼 수 없다. = 그는 성격이 비뚤어진 사람이다.

한편 living thing은 '생물'이란 뜻이다.

> **We must show compassion for all living things.**
> 살아 있는 모든 것에 동정심을 보여야 한다.

3rd ALBUM　　　　　　　　　　　　　　　　　　　　　1964.7.10.

A HARD DAY'S NIGHT

싱글「A Hard Day's Night」와 같은 날에 발매된 세 번째 앨범(영화 사운드 트랙)이다. 일본에서는 싱글과 마찬가지로『비틀즈가 온다, 야! 야! 야!ビートルズがやって来るヤァ! ヤァ! ヤァ!』라는 제목이었다가 2009년에 발매한 리마스터 CD부터『하드 데이즈 나이트ハード・デイズ・ナイト』로 변경되었다. 이때 노래 제목은「어 하드 데이즈 나이트ア・ハード・デイズ・ナイト」가 되었지만 앨범과 영화 제목은 무슨 이유인지 '어(A)'가 붙어 있지 않다.

1　A Hard Day's Night
2　I Should Have Known Better
3　If I Fell
4　I'm Happy Just To Dance With You
5　And I Love Her
6　Tell Me Why
7　Can't Buy Me Love
8　Any Time At All
9　I'll Cry Instead
10　Things We Said Today
11　When I Get Home
12　You Can't Do That
13　I'll Be Back

A Hard Day's Night (→ p. 058)

045

I Should Have Known Better

Lennon-McCartney

should+have+과거분사 = 해야 했는데 못 했다

이 제목은 직역하면 '좀 더 잘 알고 있어야 했다.'가 되어, '(당연히 알고 있어야 했는데) 알지 못했다. = 내가 왜 그랬을까.'라는 뜻이다.
가사는 '당신과 같이 멋진 사람을 만난다면 사랑에 빠지는 것은 당연한 일인데, 그때는 세상물정에 너무 어두웠다.'는 내용이다. 남녀 두 사람의 사랑을 담고 있는 노래여서 일본에서는 「사랑하는 두 사람恋する二人」이란 제목이 붙은 것 같다.
'should+have+과거분사'와 관련된 예문은 다음과 같다.

> You should have learned by now.
> 이제 슬슬 알아도 좋을 때다. = 아직도 모르고 있나?
> I should have bought that car.
> 역시 저 차를 샀으면 좋았을 텐데. * 후회
> I should have married him.
> 그와 결혼했으면 좋았을 텐데. * 후회

부정문은 shouldn't를 사용한다.

> You shouldn't have done such a thing.
> 당신은 그런 일을 하지 말았어야 했다. = 쓸데없는 일을 했군.

'You shouldn't have.'는 예를 들어 선물을 받고 "어머나, 이렇게 신경을 쓰지 않으셔도 됐는데…."라고 말할 때와 같은 상황에서 사용하는 표현이다. 또한 자주 쓰이는 표현으로 'You should know better.'가 있다. '좀 더 분별이 있어야 하는데. = 그렇게 해서 어떡할 거야.'라는 뜻이다.

If I Fell

Lennon-McCartney

상대방의 감정을 헤아리다

이 제목에는 가정법 과거 용법인 'if+동사의 과거형'이 쓰였다.
가정법 과거는 현재의 사실에 반대되는 상상을 하는 경우, 실현이 불가능하거나 극히 곤란한 바람을 나타내는 경우에 쓰이는데 이 곡의 제목과 같이 조심스럽게 표현할 때 사용되기도 한다. 단도직입으로 말하지 않고 '만약 ~이라면 ~해줄래?'라면서 상대방의 기분을 살피는 느낌이 든다.
실현이 불가능하거나 극히 곤란한 바람을 나타내는 예문은 다음과 같다.

> If I were not sick, I would join you.
> 아프지 않다면 함께할 텐데. = 몸이 아파서 갈 수 없습니다.
> If I were young, I would run 5 kilos every day.
> 젊다면 매일 5킬로미터를 달릴 텐데. = 젊지 않기 때문에 매일 5킬로미터를 달릴 수 없다.

노래는 '만약 내가 당신을 좋아하게 된다면, 당신은 그 마음을 분명히 받아줄 건가요?'라는 내용을 담고 있다.

I'm Happy Just To Dance With You

Lennon-McCartney

키스는 하지 않아도 좋아

just는 '~만'이란 뜻으로, 노래 제목은 '당신과 춤출 수 있는 것만으로도 행복하다.'라는 의미다. '키스를 하거나 손을 잡거나 하지 않아도 상관없다.'는 내용을 담고 있다.

just에는 '하여간/아무리 해도/이제 막/정확히/틀림없이' 등의 뜻도 있다.

I'm just an ordinary man.
나는 아주 평범한 남자일 뿐이다.
I just got home.
막 집에 돌아왔습니다.
I just can't stand it.
하여간 참을 수 없다.   * stand: 참다
I just can't believe it.
암만해도 믿을 수 없다.
It's just half past ten.
정확히 10시 반입니다.
It's just what I needed.
확실히 내가 필요로 했던 것입니다.

048

Lennon-McCartney

And I Love Her

and의 용법

본래 and, but, so 등을 문장 앞에 놓는 것은 문법적으로 맞지 않는 것으로 여겨졌다. 하지만 지금은 이러한 접속사로 시작되는 문장이 허용되고 있다.

I packed my car. And that was when I heard the sirens.
차를 세웠다. 그 순간 사이렌이 들려왔다.

and는 두 개 이상의 것을 열거하는 경우에도 쓰이는데, 세 개 이상의 것을 늘어놓을 때는 「Here, There And Everywhere」와 같이 맨 뒤에 오는 단어 앞에 and를 붙인다.

We have apples, oranges and bananas.
사과와 오렌지, 바나나가 있습니다.
I went to the park with Virgil, Alan and Gordon.
버질, 앨런, 고든과 함께 공원에 갔습니다.

049

Tell Me why

Lennon-McCartney

어째서 거짓말을 했을까?

첫 번째 앨범에는 「Ask Me Why(이유를 묻는다면)」란 노래가 있는데, 이 곡에서는 '이유를 알려줘.'라고 부탁하고 있다. '무슨 이유인지 알려줘. 어째서 거짓말한 건지.'라는 내용을 담은 노래다.
tell me why는 원래 tell me the reason why이지만 the reason은 생략되는 경우가 있다.

> Tell me the reason why you look so happy.
> 어째서 그렇게 행복해 보이는지 그 이유를 알려주세요.
> Tell me why you did such a thing.
> 왜 그런 일을 한 건지 알려주세요.

거꾸로 the reason을 남기고 why를 생략하기도 한다.

> Tell me the reason you changed your mind.
> 생각을 바꾼 이유를 알려주세요.

Can't Buy Me Love (→ p. 052)

Any Time At All

Lennon-McCartney

any time을 강조하는 at all

any time은 '언제라도', at all은 '전적으로/완전히'라는 뜻이다. at all을 붙임으로써 any time을 강조하고 있다. 노래 제목은 '언제라도!'라고 풀이되며, 이 노래는 '전화만 해주면 언제라도 금방 달려갈 거야.'라는 내용을 담고 있다.
any time은 회화에서 다음과 같이 사용된다.

 "When will you be available?"
 "언제 사정이 좋으신가요?"
 "Any time."
 "언제라도."

at all에는 '하여간'이란 뜻도 있다.

 If you do it at all, do it well.
 어차피 할 거라면 제대로 하세요.

not at all은 '조금도 ~않다'라는 뜻이다.

 "Are you tired?"
 "피곤하니?"
 "No, not at all."
 "아니, 전혀."

at all은 다음과 같은 숙어로도 쓰인다.

 We must do it <u>at all costs</u>.
 어떤 희생을 치르더라도 끝까지 해야 한다.

My boss calls me **at all hours**.
상사가 아무 때나 전화를 건다.

051

I'll Cry Instead

Lennon-McCartney

instead = 그렇게 할 수가 없어

instead는 '~대신에/~이 아니고/그렇기는커녕/오히려'의 뜻으로 문장 앞뒤와 중간에서 사용된다. 둘로 나뉜 문장은 instead of를 사용하거나, 혹은 but, so, and 등으로 연결해 하나의 문장으로 만들 수도 있다.
'우리는 영화를 보러 가지 않고 집에 있었다.'와 '우리는 엘리베이터가 아니라 계단을 이용했다.'라는 뜻의 두 문장에서 instead가 문장 앞뒤와 중간에 오는 경우의 예문은 다음과 같다.

[문장 앞]
We didn't go to the movies. Instead, we stayed home.
Instead of going to the movies, we stayed home.
  * Instead of로 연결한 문장
We didn't take the elevator. Instead, we took the stairs.

[문장 뒤]
We didn't go to the movies. We stayed home instead.
We didn't go to the movies but stayed home instead.
  * but으로 연결한 문장
We didn't take the elevator. We took the stairs instead.

[문장 중간]
We stayed home instead of going to the movies.
We took the stairs instead of the elevator.

이 곡에 쓰인 instead는 '(앞의 문장을 받아) 그렇게 할 수도 없어.'라는 의미로 사용되었다. '그녀에게 차여서 사실은 틀어박혀 있고 싶지만, 그렇게 할 수도 없기에 나는 운다.'라고 노래하므로, 노래 제목에서 '어쩔 수가 없어서 나는 운다.'라는 감정이 전해진다.

Things We Said Today (→ p. 059)

052

When I Get Home

Lennon-McCartney

'~하면'이라는 의미의 when

get home은 '집에 돌아가다', 그 앞의 when은 '~하면'이란 뜻이다. 여기에서는 if와 when의 차이점을 알아본다.
if는 가정을 할 때 쓰이며, if I get home이라는 표현은 '(돌아올지 어떨지 알지 못하지만) 만약 집에 돌아온다면'이란 뜻이다. when은 그렇게 한(된)다는 것을 알고 있는 경우에 쓰이는데, when I get home은 '(집에 돌아오는 것을 전제로 하고) 집에 돌아오면'이란 뜻이다.
이 곡에는 '집에 돌아오면 그녀가 기다리고 있다.'는 내용이 담겨 있다.
'~하면'이라는 뜻을 갖는 when을 사용한 예문을 들어보면 다음과 같다.

> I'll call you when I get there.
> 거기에 도착하면 전화하겠습니다.
> I want to be a police officer when I grow up.
> 어른이 되면 경찰관이 되고 싶다.
> Our staff will meet you at the airport when you arrive.
> 도착하면 우리 스태프가 공항에 마중하러 갈 겁니다.

You Can't Do That (→ p. 053)

I'll Be Back

Lennon-McCartney

시간 앞에 붙는 in, by, within

이 곡의 제목은 영화 「터미네이터」에서 아놀드 슈왈제네거의 대사로 유명해진 말이다. be back은 '돌아오다'라는 뜻이다.
'~시간/분/일 뒤에'라는 표현에는 in을, '~시/일까지'는 by를, '~시간/분/일 이내에'는 within을 사용한다.

> He'll be back <u>in</u> two hours.
> 그는 2시간 뒤에 돌아올 겁니다.
> She'll be back <u>by</u> three o'clock.
> 그녀는 3시까지 돌아올 겁니다.
> They will be back <u>within</u> twenty minutes.
> 그들은 20분 이내에 돌아올 겁니다.

'~보다 전에'라고 말하는 경우는 before를 사용한다.

> I'll be back <u>before</u> dinner.
> 저녁 식사 전에 돌아올 겁니다.

이 곡은 존 레논이 만들었고 '만약 또 내 마음을 아프게 한다면 나는 떠날 거야. 하지만 다시 돌아올 거다.'라는 내용을 담고 있다. 어릴 때 집을 나간 아버지 앨프레드 레논과 관련된 노래라는 이야기도 있다.

8th SINGLE 1964.11.27.

Lennon-McCartney

I Feel Fine

감정의 표현법

'feel+형용사'는 '~라고 느끼다'라는 뜻이다. 즉 이 곡의 제목은 '좋은 기분'이란 의미이며, '그녀는 아주 친절해. 나는 그녀를 사랑하고 있어. 그래서 난 기분이 아주 좋아.'라는 내용을 담고 있다.

'I feel fine.'은 'I'm fine.'과 같은 뜻이다. 'feel+형용사'와 'be동사+형용사'는 똑같이 '~한 기분'이란 뜻인데, 형용사에 따라서 의미가 달라지기도 한다. 예를 들어 'I feel sick.'은 '기분이 나쁘다.', 'I am sick.'은 '병이 들었다.'이다.

'feel+형용사'의 활용 사례는 다음과 같다.

feel good 기분이 좋다	feel great 최고로 기분이 좋다
feel comfortable 상쾌하다	feel bad 마음이 괴롭다
feel uncomfortable 거북하다	feel nervous 긴장하다
feel cold 춥다	feel dizzy 머리가 어질어질하다
feel hurt 불쾌하게 여기다	

문장에서는 다음처럼 쓰인다.

I feel sorry for him.
나는 그를 불쌍히 여긴다.
I feel happy when I'm with you.
당신과 함께 있으면 행복해진다.
I feel so lonely when I'm alone in my house.
홀로 집에 있으면 외로워서 견딜 수가 없다.

She's A Woman

Lennon-McCartney

문법적으로는 맞지만 부자연스러운 말

'She's a woman.'은 문법적으로는 맞지만 의미가 '그녀는 여성이다.'여서 부자연스러운 문장이다. 따라서 woman 뒤에 who를 붙여서 어떤 여성인지를 설명해야 한다.

> She's a woman who can control her emotions.
> 그녀는 감정을 조절할 수 있는 여성이다.
> He's a man who knows how to treat a lady.
> 그는 여성을 다루는 법을 알고 있다.

이 곡은 그녀는 이해심이 있는 여성(She's a woman who understands.)이라는 내용을 담고 있다.

4th ALBUM   1964.12.4.

BEATLES FOR SALE

for sale은 '팔려고 내놓다'라는 뜻으로, 제목 그대로 해석하면 '비틀즈 판매 중'
이다. 크리스마스 시즌에 발매되었기 때문에 크리스마스 세일에 결부시켜 이름
을 붙인 것 같다.

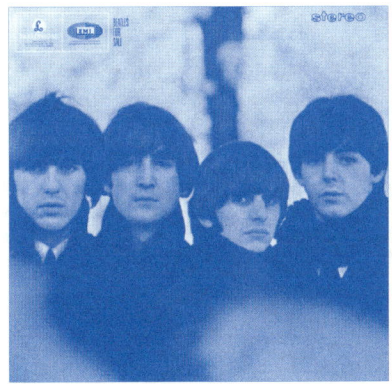

1	No Reply	8	Eight Days A Week
2	I'm A Loser	9	Words Of Love
3	Baby's In Black	10	Honey Don't
4	Rock And Roll Music	11	Every Little Thing
5	I'll Follow The Sun	12	I Don't Want To Spoil The Party
6	Mr. Moonlight	13	What You're Doing
7	Kansas City/Hey-Hey-Hey-Hey!	14	Everybody's Trying To Be My Baby

No Reply

Lennon-McCartney

집까지 찾아갔는데…

reply는 '대답'으로, no reply는 '대답이 없다.'는 뜻이다. 이처럼 'no+명사' 형태의 어구 중에서 가장 자주 보고 듣는 말은 no way일 것이다. 이는 '절대 아니다./싫다./있을 수 없다./말은 잘하는구나.' 등의 의미다.
no doubt는 '확실히/틀림없이', no chance는 '가능성이 없음/무리'라는 뜻이다. 이 말들에는 모두 앞에 There is가 생략되어 있다.

> There is no change.
> 변화가 없다.
> There is no alternative.
> 대안이 없다.
> There is no argument.
> 논의의 여지가 없다.
> There is no time for that.
> 그런 것을 하고 있을 때가 아니다.
> There is no accounting for tastes.
> 취미나 기호는 사람마다 다르다. = 십인십색.   * 속담

reply라는 단어를 보면 이메일의 답장을 보낼 때 제목란에 자동으로 나오는 RE:를 떠올리는 사람도 있을 것이다. 이 말의 어원은 reply 혹은 response 등이라는 설이 있으나, 가장 유력한 것은 '~에 관하여'를 뜻하는 라틴어 in re의 약어라는 설이다.
하지만 영어권 원어민이라도 regarding/in regarding to(에 관하여)나 in response/in reply(대답으로)라는 말이라고 생각하는 사람이 많은 것 같다.
한편 in regard to, in response는 다음과 같이 사용된다.

> What is your opinion in regard to this case?
> 이 건에 대한 당신의 의견은 무엇입니까?

I am writing to you in response to your advertisement in the newspaper.
신문에 나온 구인 광고를 보고 (이 편지를) 적어 보냅니다.

이 곡은 '당신의 집까지 갔지만 대답이 없다.'라는 내용을 담고 있다. reply라고 하면 편지를 받고 회신하거나 남의 말을 듣고 대답하는 것을 상상할지도 모르지만, 집을 찾아온 사람에게 응답하는 말에도 reply를 사용한다.

057

I'm A Loser

Lennon-McCartney

나는 그 여자에게 버림받은 못난 놈

'동사+er'은 '~을 하는 사람(사물)'을 나타낸다. lose는 '패하다/잃다', loser는 '패배자/뭘 해도 안 되는 사람/실패자'로, 노래 제목은 '나는 패배자'라는 뜻이다. 이 곡은 '나는 그 여자에게 버림받은 패배자다.'라는 내용을 담고 있다.
사람이나 사물을 나타내는 영어 단어로는 -er를 붙이는 것이 압도적으로 많은데, 예를 들면 다음과 같다.

- teacher 교사
- builder 건설업자
- traveler 여행자
- runner 러너
- singer 가수
- dancer 댄서
- racer 레이서
- robber 도둑
- murderer 살인범
- follower 팔로어/서포터/신봉자
- sprinkler 스프링클러

그다음으로는 -or이 붙은 단어가 많다.

- investigator 수사관
- visitor 방문자
- narrator 말하는 사람
- collector 수집가
- professor 교수
- refrigerator 냉장고

흔하지는 않지만 -ar이 붙는 단어도 있다.

liar 거짓말쟁이   burglar 강도   * 동사는 burglarize
beggar 거지

-er, -or, -ar의 바로 앞의 철자가 t이면 어미가 –or이 되는 경우가 많다. 하지만 확실한 규칙은 없으므로 철자를 외우는 수밖에 없다.

058

Baby's In Black

Lennon-McCartney

'~을 입다'를 나타내는 in

영화 제목에도 「The Woman in Red」, 「Pretty in Pink」 등이 있듯이, in~에는 '~을 몸에 걸친'이란 뜻이 있다.

>   Who is that girl in red?
>   빨간 옷을 입고 있는 여자는 누구?
>   You look nice in that blue suit.
>   그 감색 양복, 잘 어울리네.

이 곡의 제목은 '검은 옷을 입은 여자'란 뜻인데 가사에 '그녀의 옷은 검고, 내 기분은 우울하다.'는 내용이 있다.

059

Rock And Roll Music

Chuck Berry

rock은 전후(좌우)로, roll은 좌우로 마구 흔들리다

rock and roll은 본래 섹스를 나타내는 속어였다. rock은 '전후(좌우)로 흔들리다', roll은 '좌우로 흔들리다'로, 합하면 '심하게 움직이다'라는 뜻이 된다.

The ship rocked and rolled in the turbulent sea.
바다가 거칠어 배가 심하게 흔들렸다.

rock and roll은 rock'n'roll이라고 쓸 수 있는데 로큰롤이라고 불린다. 이 경우는 두 단어를 잇는 and를 생략형으로 써서 'n'으로 표기한 것이다(건즈 앤드 로지스는 Guns N' Roses이지만).
로큰롤 뮤직은 하나의 음악 장르로서 1950년대에 탄생했는데, 1960년대에는 그것이 진화한 사운드를 총칭해 록 혹은 록 뮤직이라고 부르게 되었다. 로큰롤 뮤직은 록 뮤직의 조상이자 하나의 장르이기도 하다.

060

Lennon-McCartney

I'll Follow The Sun

follow에는 '보조하다'의 뜻이 없다

follow는 '쫓다/따르다/말을 이해하다'라는 뜻이다. 일본에서는 보조한다는 의미로 사용되지만 실제로 영어에는 그런 의미가 없다. 따라서 'I will follow you.'라는 표현은 '당신을 따라가다(뒤를 쫓다).'라는 뜻밖에 없다. 노래 제목은 '나는 태양을 쫓아간다.'로 해석된다.

I felt I was being followed.
미행당하고 있는 느낌이 들었다.
We must follow the rules.
규칙을 지켜야 한다.
Do you follow me?
내가 말하는 것을 이해합니까?

I don't quite follow you.
당신이 말하는 것을 잘 모르겠습니다.

061

Mr. Moonlight

Roy Lee Johnson

문라이트는 누구인가?

moonlight는 '달빛', starlight는 '별빛', sunlight는 '햇빛'이다. moonlight는 동사로 '야간 아르바이트를 하다/야습을 하다/야반도주를 하다/밀주를 부정 거래하다'와 같은 뜻 또한 있다. 이외에 moonshine은 '밀주를 만들다', moonshiner는 '밀주를 만드는 사람'이다.
이 곡은 달빛을 의인화하여 '미스터 문라이트, 우리의 사랑을 밝혀줘.'라고 노래한다.
moon을 포함하는 숙어는 많으며 주로 moon은 손에 닿기 어려운 것을 비유적으로 표현할 때 쓰인다.

    My daughter asks for the moon.
    딸아이는 없는 것을 달라고 조른다.
    They promise us the moon.
    그들은 불가능해 보이는 일을 약속한다. = 호언장담하다.

blue moon은 '푸른 달/한 달에 두 번째로 뜨는 보름달'을 가리킨다.

    An opportunity like this comes only once in a blue moon.
    이런 기회는 좀처럼 찾아오지 않는다. = 천재일우의 기회다.

Jerry Lieber • Mike Stoller • Richard Penniman

Kansas City/Hey-Hey-Hey-Hey!

캔사스? 캔자스? 어떤 것이 맞나?

Kansas City는 미국 중서부의 캔자스주와 미주리주에 걸쳐 있다. 미주리주 쪽의 Kansas City는 주에서 가장 큰 도시다.

Kansas는 정확히 말하면 캔저스[kǽnzəs]라고 발음되나 우리말로 옮길 때는 캔자스라고 적는다. 외래어를 한글로 적는 방식을 규정한 외래어 표기법은 외국어의 발음을 그대로 옮겨 적기 위한 방법이 아니기 때문에 외래어를 우리 글자로 정확히 표기하는 일은 매우 어렵다. 평소 우리가 잘 아는 듯이 사용하지만 자주 틀리는 말을 외래어 표기법을 기준으로 몇 가지만 살펴보자.

film 필름(o) 필림(x)	buzzer 버저(o) 부저(x)
symbol 심벌(o) 심볼(x)	compass 컴퍼스(o) 콤파스/콤퍼스(x)
top 톱(o) 탑(x)	concept 콘셉트(o) 컨셉트(x)
carol 캐럴(o) 캐롤(x)	workshop 워크숍(o) 워크샵(x)
computer 컴퓨터(o) 콤퓨터(x)	collection 컬렉션(o) 콜렉션(x)
color 컬러(o) 칼라(x)	documentary 다큐멘터리(o) 도큐멘터리(x)
window 윈도(o) 윈도우(x)	leadership 리더십(o) 리더쉽(x)
cake 케이크(o) 케익(x)	highlight 하이라이트(o) 하일라이트(x)
compact 콤팩트(o) 컴팩트(x)	standard 스탠더드(o) 스탠다드(x)

Lennon-McCartney

Eight Days A Week

과장된 표현

seven days a week라는 관용어는 '1주일에 7일 = 매일'을 의미하는데, 이 곡의 제목은 '1주일에 8일이나 (당신을 사랑한다)'라는 과장된 표현을 하고 있다. seven days a week는 다음과 같이 사용된다.

> She works seven days a week to support her children.
> 그녀는 어린이들을 부양하기 위해 주 7일을 쉬지 않고 일한다.

이런 표현도 있다.

> Some stores are open twenty-four hours a day.
> 24시간 영업하는 가게도 있다.
> This store is open 24/7.
> 이 가게는 1일 24시간, 주 7일 영업한다. = 24시간 영업을 한다./연중무휴이다.

064

Words Of Love

Buddy Holly

'사랑하다', '좋아하다'는 말

이 곡의 제목은 '사랑의 말'이란 뜻이다.
'사랑하다', '좋아하다'는 의미의 동사로 흔히 떠올리는 것은 love와 like인데, 그 밖에도 여러 가지 말이 있다.

> adore 경애하다/매우 좋아하다   cherish 소중히 하다/귀여워하다
> fancy 좋아하다/~이 마음에 들다   idolize 우상화하다/열중하다
> treasure 소중히 하다/존경하다   worship 숭배하다/우러러 받들다

다음과 같은 표현도 있다.

> She has the hots for Justin
> 그녀는 저스틴에게 열을 올리고 있다.

He has a crush on you.
그는 당신을 애타게 그리워한다.
She is infatuated with that man.
그녀는 그 남자에게 빠져 있다.

065

Honey Don't

Carl Perkins

사랑하는 사람을 부르는 말

노래 제목은 '허니, 안 돼.'로 풀이할 수 있다. '그런 마음도 없으면서 마음이 있다고 말하면 안 돼.'라는 내용을 담은 곡이다.
사랑하는 사람을 부르는 말을 영어에서는 terms of endearment라고 하는데, honey나 darling, dear 이외에도 셀 수 없을 정도로 많다.
여기에서는 여성을 부르는 말과 원뜻을 소개한다.

angel 천사   cupcake 컵케이크   doll 인형   kitten 새끼 고양이
muffin 머핀   princess 공주   sugar 설탕

don't는 상대방이 하고 있는 것, 하려고 하는 것을 그만두도록 할 때 사용한다.

Don't do that.
그런 건 그만두세요.
Don't do that again.
그런 일은 두 번 다시 해서는 안 됩니다.

그만두게 하고 싶은 것이 무언지를 상대방이 알고 있다면 'Don't.'만 써도 뜻이 통한다.
'~하지 마'에는 stop을 쓰기도 하는데, 이때는 동명사가 이어진다.

Stop doing that.
그런 일을 하는 것은 그만두세요.

066

Every Little Thing

Lennon-McCartney

아무리 작은 것이라도 나를 위해

'아무리 작은 것도'라고 뜻풀이되는 제목의 노래다. 이 곡은 그녀가 하는 것은 아무리 작은 것이라도 나를 위한 것이라는 내용을 담고 있다.
every나 little은 모두 형용사로, 형용사는 명사 앞에 몇 개라도 나열할 수 있는데 다만 정해진 순서가 있다.

> [사람이나 생물]
> 수량 → 주관적 평가 → 사이즈 → 색 → 노소 → 국적 → [명사]
> [사물]
> 수량 → 주관적 평가 → 신구 → 사이즈 → 형상 → 색 → 출처 → 재질 → [명사]

'주관적 평가'와 관련된 형용사란 pretty, ugly, good-looking, dirty 등과 같이 자기가 느낀 것을 표현하는 말을 가리킨다.
형용사를 열거한 예는 다음과 같다.

> **I noticed two black old dogs coming my way.**
> 나는 두 마리의 크고 검은 늙은 개가 이쪽으로 오는 것을 알아차렸다.
> **I bought a new Italian leather sofa.**
> 이탈리아에서 만든 새로운 가죽 소파를 구입했습니다.

다른 종류의 형용사를 열거할 때는 쉼표로 구분할 필요는 없으나, 다음처럼 같은 종류의 형용사를 늘어놓을 때는 쉼표로 구분하거나 and로 연결한다. 열거하는 순서에 대해 정해진 규칙은 없다.

A tall, blonde, beautiful American woman asked me where the station was.
키가 크고 아름다운 미국 여성이 내게 역으로 가는 길을 물었습니다.

067

I Don't Want To Spoil The Party

Lennon-McCartney

spoil의 쓰임

spoil은 '망쳐놓다/(어린이 등을) 버릇없이 기르다/(음식물 등을) 상하게 하다'의 뜻이다.

> Spare the rod, and spoil the child.
> 매를 아끼면 아이를 망친다. = 귀여운 자식일수록 (객지에 보내어) 고생을 시켜야 한다. * 속담
> He's a spoiled brat.
> 그 녀석은 버릇없는 망나니다. * brat: 개구쟁이
> I think this milk is spoiled.
> 이 우유는 상한 것 같다.

이 곡의 제목은 '파티를 망치게 하고 싶지 않다.'라는 뜻이다. 노래는 '그녀가 오지 않아 나는 실망했어. 파티를 망치게 하고 싶지 않아. 난 사라져버릴 거야.'라는 내용이다.
덧붙여 말하면 파티를 망쳐놓는 사람, 모임의 흥을 깨는 사람을 속어로 party pooper라고 한다.

068

What You're Doing

Lennon-McCartney

당신은 나를 어떻게 하려는 거야?

노래 제목에서 what은 관계대명사이고, what you're doing (to me)은 '(내게) 당신이 하고 있는 것'이란 뜻이다. '계속 이렇게 기다리고 있는데, 당신은 나를 어떻게 하려는 거야?'라는 내용을 담고 있는 노래다.

> Do you realize what you're doing to me?
> 네가 나에게 무엇을 하고 있는 것인지 아니?
> Stop what you're doing, and listen to me.
> 지금 하고 있는 것을 그만두고 내 말을 들어주세요.
> I don't understand what you're doing.
> 당신이 하고 있는 것을 이해할 수 없다. = 그런 것은 해도 소용없어.

069

Everybody's Trying To Be My Baby

Carl Perkins

trying to의 활용

trying to는 '~이 되려고 하다/~이 되고 싶어 하다'라는 뜻이다. 노래 제목을 직역하면 '모두 내 연인이 되고 싶어 한다.'이다. 노래 속 주인공은 자기가 아주 인기 있는 남자라고 잘난 체하고 있다.

> I'm not trying to be a hero.
> 영웅이 되려고 하는 건 아니다.
> I'm just trying to be helpful.
> 도움이 되고 싶을 뿐이다.
> I think he's trying to be cool.
> 그는 멋을 부리고 싶어 하는 것 같아.

1965

1965년의 비틀즈

- 4/9　9th Single
  TICKET TO RIDE/YES IT IS

- 7/23　10th Single
  HELP!/I'M DOWN

- 8/6　5th Album
  HELP!

- 12/3　11th Single
  DAY TRIPPER/WE CAN WORK IT OUT

  6th Album
  RUBBER SOUL

9th SINGLE　　　　　　　　　　　　　　　　　　1965.4.9.

070

Ticket To Ride

Lennon-McCartney

라이드는 어디일까?

「Ticket To Ride」는 그대로 해석하면 '타기 위한 승차권'인데, '말에서 낙마(落馬)하다.'처럼 중복된 표현이라 이런 말은 쓰지 않는다.
영국 와이트섬에는 Ryde(라이드)라는 페리항이 있는데, 노래 제목에 나오는 라이드는(Ride)는 바로 그곳의 이름에서 힌트를 얻어 붙인 말이다. 이 곡의 제목은 '라이드행 티켓(Ticket To Ride)'이란 의미다.
보통은 a ticket to 뒤에 장소나 이벤트가 이어진다.

　　My father bought me a ticket to London.
　　아버지가 런던행 항공권을 사주셨다.
　　I got a ticket to Disney World.
　　디즈니 월드 입장권을 손에 넣었다.
　　Do you have the ticket to the concert?
　　콘서트 티켓은 갖고 있니?

ticket에는 다음과 같은 종류가 있다.

　　편도 티켓　　one-way ticket
　　왕복 티켓　　round-trip ticket
　　항공권　　　 air ticket/plane ticket

또 같은 ticket이라도 traffic ticket은 '교통 위반 딱지', packing ticket은 '주차 위반 딱지'를 가리킨다.
노래는 '그녀는 티켓을 구입하고 멀리 떠나려 한다.'라는 슬픈 내용을 담고 있는데, 일본에 출시될 때는 「눈물의 승차권涙の乗車券」이라는 제목이 붙었다.

Yes It Is

Lennon-McCartney

자신의 생각을 긍정하다

질문을 받았을 때 일반적으로 대답이 yes라면 긍정문, no라고 하면 부정문이 뒤에 이어진다.
성가신 것은 부정의문문이다. 예를 들면 다음과 같은 대화가 있을 수 있다.

> "Aren't you hungry?"
> "배고프지 않니?"
> "No, I'm not."
> "예, 배고프지 않습니다."

영어는 한국어와 달리 yes 뒤에 not이 오지 않기 때문에 'Yes, I'm not.'이란 말이 없다.
고개를 끄덕이거나(nod), 고개를 가로젓는(shake one's head) 경우도 마찬가지인데, 끄덕이면서 no라고 말하는 일은 없다. 따라서 다음과 같은 식으로 대화가 진행된다.

> "Didn't you tell her truth?"
> "그 여자는 진실을 말하지 않았니?"
> He shook his head and said, "No."
> 그는 고개를 가로저으며 말했다. "응, 말하지 않았어."

이 곡에서는 자신의 생각에 대해 "Yes it is. It's true.", 즉 "그래. 정말로 그래."라고 긍정한다.

10th SINGLE
072
1965.7.23.

Lennon-McCartney

Help!

help의 각종 활용 표현

help에는 '~을 돕다/~을 거들다/~을 촉진하다'와 같은 뜻이 있다. 이 곡은 '나는 너무 우울해. 다시 일어설 수 있는 도움이 필요해. 도와줘.'라는 내용을 담고 있다.

> **Help (me)!**
> 도와줘!
> **I hope this information helps.**
> 이 정보가 도움이 되기를 바랍니다.
> **Can you help me?**
> 도와주지 않을래?
> **Worrying isn't going to help.**
> 걱정해봤자 소용없어.
> **You need help.**
> 당신에게는 도움이 필요하다. = 혼자서 고민하지 마.

help oneself to~는 '마음대로 ~하다'라는 뜻이다.

> **Help yourself to some coffee.**
> 커피를 마음대로 드십시오.

엘비스 프레슬리의 노래「Can't Help Falling In Love(사랑하지 않을 수 없다)」에서와 같이, 'can't/couldn't help~'는 '~하지 않을 수 없다'는 뜻이다.

> **I couldn't help crying.**
> 눈물을 금할 수가 없었다.

I'm Down

Lennon-McCartney

I Feel Fine. ↔ I'm Down.

여기에서 down은 형용사다. 노래 제목은 '나는 기운이 없다.'는 뜻으로 이 곡은 사랑 때문에 괴로워하는 마음을 그리고 있다.

기운이 없는 상태를 표현할 때는 이 밖에도 feel low나 feel down 등을 쓴다. '몸을 만지다(더듬다)'라는 뜻을 가리키는 말이니 주의해서 사용해야 한다.

「I Feel Fine」에서 말했듯이, feel 다음에 형용사를 붙이면 '~한 기분'이란 의미가 된다. 따라서 'I feel fine. = I'm fine.' 그리고 'I'm down. = I feel down.'이다.

5th ALBUM   1965.8.6.

HELP!

비틀즈의 두 번째 영화에 삽입된 사운드 트랙반이다. 예전 일본어 앨범 제목은 영화, 앨범 모두 『네 사람은 아이돌4人はアイドル』이었지만 이제는 모두 원제목인 『Help!』로 바뀌었다. 영화 각본이 만들어진 단계에서는 영화 제목이 『Eight Arms To Hold You』였다고 한다.

1	Help!	8	Act Naturally
2	The Night Before	9	It's Only Love
3	You've Got To Hide Your Love Away	10	You Like Me Too Much
4	I Need You	11	Tell Me What You See
5	Another Girl	12	I've Just Seen A Face
6	You're Going To Lose That Girl	13	Yesterday
7	Ticket To Ride	14	Dizzy Miss Lizzy

Help! (→ p. 086)

074

The Night Before

Lennon-McCartney

night before와 last night를 구분하자

the night before는 '어떤 날의 전날 밤'이지 어젯밤이 아니다. 지금을 기준으로 전날 밤을 말할 때는 last night을 사용한다. 노래는 '당신의 마음이 완전히 달라졌어. 그날 밤처럼 다정하게 나를 대해줘.'라는 내용을 담고 있다. before는 부사이며 대신에 previous를 쓸 수 있는데, 그때는 앞에 와서 the previous night가 된다.

> 전날: the day before = the previous day (현시점에서 보면 yesterday)
> 다음 날: the day after = the next day (현시점에서 보면 tomorrow)
> 다다음 날: two days later = the day after next (현시점에서 보면 the day after tomorrow)

yesterday나 last night를 사용한 문장은 현시점이 기준이라 동사가 과거형이 된다. 이에 비해 the ~ before나 previous~를 사용한 문장은 과거 시점이 기준이라 동사는 과거완료가 된다.

> He hadn't gotten much sleep <u>the night before</u>.
> (그날의) 전날 밤 그는 잠을 푹 잘 수가 없었다.
> He didn't get much sleep <u>last night</u>.
> 어젯밤 그는 잠을 푹 잘 수가 없었다.
> My family had arrived <u>the previous day</u>.
> 가족은 그 전날에 도착했다.
> My family arrived <u>yesterday</u>.
> 가족은 어제 도착했다.

075 | Lennon-McCartney

You've Got To Hide Your Love Away

hide로 실연을 자조적으로 표현하다

hide ~ away는 '(알아채지 못하도록) ~을 숨기다/가슴에 간직하다', hide away는 '숨다/(범인 등이) 잠복하다'의 뜻이다. 또 한 단어인 hideaway는 '숨은 곳'을 가리킨다.

> He hid the money away in his secret bank account.
> 그는 그 돈을 비밀은행 계좌에 넣었다.   * hid: hide의 과거형
> He hid away in the mountains.
> 그는 산속에 숨었다.   * hid himself도 가능
> The beach house was a perfect hideaway for them.
> 그들에게 그 비치 하우스는 이상적인 은신처였다.

이 곡의 제목은 '사랑하는 마음은 숨겨놓아야 해.'라는 뜻이다. 여자에게 차인 남자가 많은 사람들에게 비웃음을 당하는 모습을 자조적으로 묘사한 노래다.

076 | Harrison

I Need You

need의 쓰임

'need+명사' 또는 'need+동사'는 '~이 필요하다/~을 하고 싶다'라는 뜻이다.

> I need a day off.
> 하루 휴식이 필요하다.

I need to rest.
쉬고 싶다.

need를 사용한 표현 중에는 이런 말도 있다.

I need it yesterday.
급히 필요하다.

'당신이 필요하다.'는 제목의 이 곡은 떠나버린 연인에 대한 사랑을 간절히 원하는 내용을 담고 있다.

077

Another Girl

Lennon-McCartney

another와 the other는 어떻게 다른가?

another와 유사한 표현으로 the other가 있다. another는 '불특정한 별개의 것'을, the other는 '특정한 별개의 것'을 가리킨다.
another는 'an+other(부정관사+별개의 것)'라고 생각하면 이해하기 쉽다. 다음 예문에서 하나의 질문에 대한 두 가지 답을 보고 차이점을 확인해보자.

"Are you talking about Linda?"
"린다에 대해 말하는 거니?"
"No, another girl."
"아냐, (화제에 오르지 않은) 다른 아이를 말하는 거야."
"No, the other girl."
"아냐, (화제에 오른) 또 한 사람을 말하는 거야."

다음 두 가지 예문으로도 차이를 알 수 있다.

Can I have another cup of coffee?
커피 한 잔 더 마실 수 있나요?
Can I have the other half of your sandwich?
샌드위치 남은 반쪽(네가 먹지 않은 쪽) 줄래?

another라고 하면, 영화 「바람과 함께 사라지다」의 마지막 장면에서 주인공 스칼렛 오하라가 말하는 대사를 떠올리는 사람도 많을 것이다.

Tomorrow is another day.
내일은 또 다른 날이야. = 내일은 내일의 해가 뜰 거야.

노래 제목인 「Another Girl」은 '또 다른 여자'라는 뜻이다. 결국 이 곡은 '내게는 또 다른 여자가 생겼어.'라며 사귀던 여성을 걷어차는 내용이다.

078

You're Going To Lose That Girl

Lennon-McCartney

be going to와 will의 차이점

이 곡의 제목은 '당신은 그녀에게 버림받을 거다.'라고 풀이된다. '정성을 다하지 않으면 버림받을 거야. 내가 너한테서 그녀를 빼앗을 거야.'라며 사랑의 충고라기보다는 도전장을 들이대는 듯한 내용이다.
be going to와 will은 모두 미래를 나타낼 때 사용할 수 있으나, 용법이 완전히 똑같지는 않다. will은 그 자리에서 정한 의사나 가까운 미래의 예측을, be going to는 사전에 정한 것이나 그렇게 될 거라고 확신하는 미래의 일을 말할 경우에 사용한다.
예문으로 두 가지를 비교해보자.

I <u>will</u> finish this by Friday.
금요일까지 이걸 끝낼 거야. * 강한 의지

I'm going to finish this by Friday.
금요일까지 이걸 끝내겠습니다. * 예정
You will die.
너는 죽는다. = 죽여버릴 거야.
You're going to die.
그렇게 오래는 살 수 없을 겁니다.
Will you marry me?
결혼해주시겠습니까?
Are you going to marry me?
나와 결혼할 생각입니까?

Ticket To Ride (→ p. 084)

079

Voni Morrison • Johnny Russell

Act Naturally

자연스럽게 연기하면…

naturally에는 '자연히/무리 없이/당연히/타고나면서부터' 등의 뜻이 있다.

> Behave naturally.
> 자연스럽게 행동하라.
> Naturally, we called the police.
> 당연히 경찰에 통보했습니다.
> He is a naturally kind person.
> 그는 천성이 친절한 사람입니다.

제목인 「Act Naturally」는 '자연스럽게 연기할 거다.'라는 뜻이다. 이 노래에는 '나를 영화에 출연시켜준대. 자연스럽게 연기하면 나는 틀림없이 대스타가 될 거다.'라는 내용이 담겼다. 『Help!』는 비틀즈가 두 번째로 출연한 영화의 사운드 트랙 앨범으로, 이 곡 「Act Naturally」는 주제에 딱 들어맞았으나 영화에는 삽입되지 않았다.

080

Lennon-McCartney

It's Only Love

only의 다양한 의미

only는 그 위치에 따라 의미가 다르다. 이와 관련한 예시들이다.

> Only John saw her.
> 존만이 그녀를 만났습니다.
> John only saw her.
> 존은 그녀를 만났을 뿐입니다.
> John saw only her.
> 존이 본 것은 그 여성뿐입니다.

only에는 '~만'이 아니라 '기껏해야 ~에 지나지 않는다'는 뜻도 있다. 베이 시티 롤러스Bay City Rollers의 「I Only Want To Be With You」나 플래터스Platters의 「Only You」에서 only는 '~만'의 뜻이지만, 롤링 스톤스의 「It's Only Rock'n'Roll」의 only는 '기껏해야 ~에 지나지 않는다'라는 뜻이다.

> It's only a game.
> 그저 게임일 뿐이다.

이 밖에 다음과 같은 뜻으로도 사용된다.

> If it were only that easy!
> 그렇게 간단하면 좋을 텐데!

I finished the book only yesterday.
그 책은 바로 어제 다 읽었을 뿐입니다.
Only, there is a problem.
단, 문제가 하나 있습니다.
It's only six o'clock in the morning.
아직 아침 6시네요.
Queen Victoria was an only child.
빅토리아 여왕은 외동이었습니다.

이 곡의 제목에서 only는 '기껏해야 ~에 지나지 않는다'로 쓰였고 따라서 제목은 '고작 사랑일 뿐.'이란 의미다. '기껏해야 사랑일 뿐인데 이토록 나를 괴롭히네.' 라는 내용이 이어진다.

081

You Like me Too Much

Harrison

too much, too many를 사용한 표현

'(무언가가) 너무 많다'고 말할 때 가산명사(셀 수 있는 명사)에는 too many를, 불가산명사(셀 수 없는 명사)에는 too much를 사용한다.

I had one too many last night. = I had too much to drink last night.
어젯밤에는 너무 마셨다.
You are too much.
당신, 너무해.

다음은 too many, too much가 사용된 속담이다.

Too many cooks spoil the broth.
요리사가 너무 많으면 수프가 엉망이 된다. = 사공이 많으면 배가 산으로 올라간다.

More than enough is too much.
과유불급. = (정도가) 지나침은 미치지 못한 것과 같다.

노래 제목은 '당신에게 빠져 있다.'라는 뜻이며, '당신은 나를 아주 좋아하고, 나도 당신을 아주 좋아해.'라는 것이 노래의 주요 내용이다.

082

Tell Me What You See

Lennon-McCartney

tell me의 쓰임

노래 제목의 what은 '~하는 것'을 나타내는 관계대명사로, what you see는 '당신에게 보이는 것'이라는 뜻이다. 'tell+me+~'는 '~라고 (내게) 말해주세요'라는 뜻이므로, 이 곡의 제목은 '무엇이 보이는지 말해줘.'라고 번역된다. 노래는 '무엇이 보이는지 말해줘. 당신에게 보이는 것은 바로 나야.'라는 내용을 담고 있다.
관계대명사 what은 「What You're Doing」에서 다뤘으니, 여기에서는 tell me에 대해 설명한다.
tell me는 '~라고 말해줘'라고 해석되며, 롤링 스톤스의 초창기 대표곡 「Tell me (You're Coming Back)」는 '(내게 돌아온다고) 말해줘.'라는 뜻이다.

Tell me something about yourself.
자기 소개를 해주세요.
Could you tell me the way to the station?
역으로 가는 길을 가르쳐주시겠습니까?
You tell me.
당신이 말해. = 나는 모르겠다.
Don't tell me!
설마!

tell에는 '말하다' 이외에 '알다/누설하다/분별하다'의 뜻도 있다.

> There's no way to tell.
> 누구도 알지 못한다.
> I'll tell you a secret.
> 비밀을 털어놓고 말할게.
> Can you tell the difference between an alligator and a crocodile?
> 앨리게이터와 크로커다일을 구별할 수 있나요?

저스틴 비버Justin Bieber가 부른 노래의 제목에도 나오는 kiss and tell(키스하고, 그 일을 퍼뜨리다)은 본래 '(친밀한 관계 등의) 비밀을 폭로하다'라는 뜻인데, '비밀을 입밖에 내다/신뢰를 저버리다'의 뜻으로도 사용된다.

> I don't kiss and tell.
> 비밀은 누설하지 않아.

또 tell에는 '가르쳐주다'는 뜻도 있는데, teller는 은행 창구의 금전출납원, automated teller machine은 ATM(현금자동입출금기)을 가리킨다.

083

I've Just Seen A Face

Lennon-McCartney

just = 방금

노래 제목에서 just는 '이제 막 ~했다'라는 뜻이다. 카펜터스Carpenters의 히트곡 「We've Only Just Begun」은 '우리는 이제 막 시작했을 뿐이다.'라는 뜻이다.

> I've just come back from New York.
> 뉴욕에서 막 돌아왔다.

I've just had a nightmare experience.
조금 전에 악몽과 같은 체험을 했다.
We've just met, but I feel like I've known you for a long time.
이제 막 만났는데, 당신을 오래전부터 알고 지낸 듯한 느낌이 듭니다.

보통은 앞에 나온 문장과 같이 현재완료형을 사용하나, 미국에서는 have를 생략하기도 한다.

I just got home.
조금 전에 집에 돌아왔다.
I just heard the news.
방금 그 소식을 들었습니다.

노래 제목을 직역하면 '방금 얼굴을 보았다.'가 된다. '방금 본 얼굴을 잊을 수가 없어. 그녀는 내 이상형이야. 나는 그녀를 꿈에서 본다.'는 요지의 노래다.

084

Yesterday

Lennon-McCartney

yesterday는 어제? 과거?

yesterday라고 하면 '어제'라고만 생각하기 쉽지만, 베이 시티 롤러스의 노래 「Yesterday's Hero」에서처럼 과거를 나타내기도 한다.

He is a yesterday's man.
그는 이제 과거의 사람이다.

yesterday는 아인슈타인의 명언에도 나온다.

Learn from yesterday, live for today, hope for tomorrow.

과거에서 배우고, 오늘을 위해 살고, 미래에 희망을 가지세요.

이런 표현도 있다.

I wasn't born yesterday.
나는 어제 태어나지 않았다. = 그렇게 단순하게 속지 않아.
It seems like yesterday.
(꽤 시간이 지났는데도) 마치 어제 일인 듯하다.

이 곡은 '그녀는 어제 떠나버렸다. 어제까지는 아무런 고통도 없었지. 어제가 그립다.'라는 내용이다. 노래 제목은 '어제'라고 번역하는 것이 좋을 듯하다.
이 곡은 가사가 작성되기 전에는 「Scrambled Eggs(스크램블드에그)」라는 임시 제목이 붙어 있었다고 한다.

085

Dizzy Miss Lizzy

Larry Williams

운을 맞춘 표현

이 곡의 제목은 운을 맞추고 있다. '운(을 맞추다)'은 rhyme/rime(라임)이라고 하는데, 가사나 시구의 끝에서 발음이 같은 단어가 효과적으로 사용된다.
운을 맞추는 단어와 운을 맞추지 않는 단어에 대해 알아보자.
영어에는 철자가 같지만 발음이 다른 단어가 아주 많다. 예를 들어 read는 현재형으로 쓰면 '리드[riːd]'로 발음하지만, 과거형으로 쓰면 '레드[réd]'라고 발음한다. love와 stove, yellow와 allow, tough와 though와 같이, 자음 바로 뒤의 철자가 같아도 발음이 다른 모음도 있다. 이와 같이 끝부분의 철자가 같더라도 발음이 다른 말로 짝 지으면 운이 맞지 않기 때문에, 당연한 말이지만 가사나 시구의 끝에는 사용되지 않는다.
한편 white와 night, said와 bed 혹은 head처럼 끝부분의 철자는 다르지만 발음이 같은 모음도 있다. 자음 바로 뒤의 소리와 철자가 모두 일치하는 단어와 마찬가지로 이런 단어들은 가사나 시의 문장 끝에 사용된다. 철자는 달라도 운이 맞는 단어를 소개하면 다음과 같다.

rhyme – time   you – blue   here – appear
coming – humming   threw – through
heat – complete   tiger – ogre   fight – polite
fly – tie   key – tea   train – plane   great – date

이 노래의 제목은 '나를 현기증 나게 하는 미스 리지'라고 해석된다. 이 노래는 매력적인 리지를 사랑하는 남자의 마음을 표현하고 있다.

11th SINGLE　　　　　　　　　　　　　　　　　1965.12.3.

086

Day Tripper

Lennon-McCartney

trip과 travel은 어떻게 다른가?

day trip은 '당일치기 여행'인데, trip에는 '약물drug로 환각 체험을 하다'라는 뜻도 있어 이 곡은 드러그 송drug song이라고도 알려져 있다. '여행'의 의미로 trip을 사용한 예문은 다음과 같다.

> We went on a day trip to Nikko.
> 우리는 닛코에 당일치기 여행을 갔습니다.
> I'm planning a two-week trip to Europe.
> 2주간의 유럽 여행을 계획하고 있다.

그러면 trip, travel, journey, voyage의 차이는 무얼까?

> **trip**　휴가(vacation trip)나 출장(business trip) 등 목적 있는 짧은 여행
> **travel**　어떤 장소에서 다른 장소로 이동하는 것

| journey | 어떤 장소에서 다른 장소로 이동하는 움직임이나 거리, 여정 |
| voyage | 배/우주선/비행기 등을 이용한 긴 여행 |

예문을 소개하면 다음과 같다.

She is on a business trip to London.
그녀는 출장차 런던에 가 있다.
She likes to travel around the world.
그녀는 전 세계 여행하는 것을 좋아한다.
It was a long journey from Rio de Janeiro to Toyko.
리우데자네이루에서 도쿄까지는 참으로 긴 여정이었다.
Vasco da Gama set out on a voyage to India.
바스코 다 가마는 인도로 가는 항해를 출발했다.

이 곡은 신경을 쓰이게 해놓고 떠나버린 여성을 '당일치기 여행자'에 빗대어 노래하고 있다.

087

We Can Work It Out

Lennon-McCartney

work out과 work it out

work it out은 '~을 어떻게든 해결하다'라는 뜻으로, 이때 it은 '문제/고민' 등을 가리킨다.

I'll work it out myself.
내 스스로 어떻게든 해결할 거야.

it을 생략하고 work out이란 형태로 사용할 수도 있다. 이때는 '어떻게든 된다/좋은 결과가 나오다' 이외에 '트레이닝을 하다'라는 뜻도 있다.

I'm sure everything will work out.
모든 일이 잘될 거야.
Our marriage didn't work out.
우리 결혼은 잘 풀리지 않았다. = 헤어지게 되었다.
I try to work out at the gym at least three times a week.
적어도 일주일에 3회는 체육관에서 땀을 흘리려고 노력한다.

노래 제목은 '틀림없이 잘될 거다.'라고 풀이된다. 이 곡은 '자기가 처한 상황에 집착하면 사랑이 끝나버릴지도 몰라. 하지만 우린 틀림없이 잘될 거야.'라는 말로 그녀에게 사랑의 결실을 맺자고 호소하는 내용이다.

6th ALBUM 1965.12.3.

RUBBER SOUL

1960년대 흑인 뮤지션은 롤링 스톤스를 야유하며 plastic soul(모조 소울)이라고 불렀다. 비틀즈는 그 plastic(플라스틱)을 rubber(고무)로 바꾸고, rubber sole(고무로 만든 구두창)에 착안해서 앨범 제목을 지었다고 한다.

1 Drive My Car
2 Norwegian Wood(This Bird Has Flown)
3 You Won't See Me
4 Nowhere Man
5 Think For Yourself
6 The Word
7 Michelle
8 What Goes On
9 Girl
10 I'm Looking Through You
11 In My Life
12 Wait
13 If I Needed Someone
14 Run For Your Life

Drive My Car

Lennon-McCartney

제목에서 생략되어 있는 말은?

노래 제목에는 you can이 생략되어 있다. 이때 can은 '할 수 있다'가 아닌 '~해도 좋다'는 허가의 뜻이다. 따라서 노래 제목인 '(You can) drive my car.'는 '내 차를 운전해도 좋다. = 내 운전사로 일하게 해준다.'로 해석된다. 가사에 나오는 주인공은 여성이며 '나는 스타가 될 거야. 당신을 내 운전사로 일하게 해줄게.'라고 노래한다.

> You can go home.
> 돌아가도 좋아.
> Can I use your PC?
> 컴퓨터를 좀 써도 되니?

drive에는 '운전하다' 이외에 '쫓다/몰아치다/(말뚝 등을) 처박다'와 같은 뜻이 있다. 'drive+(사람)~'은 '~을 한 상태로 만들다'라는 의미다.

> She drives me mad.
> 그녀는 나를 짜증나게 만든다. = 그녀와 있으면 짜증이 난다.

그리고 '운전사'는 driver, '고용한 운전사'는 chauffer, 공구의 일종인 '드라이버'는 screw driver다.

Norwegian Wood(This Bird Has Flown)

Lennon-McCartney

wood는 숲이 아니라 가구?

wood는 '목재/땔나무/숲' 등의 뜻이 있다. 일본어 제목은 「노르웨이의 숲ノルウェーの森」인데, 제대로 해석하면 '노르웨이의 목재가구'라는 설이 유력하다. Norway의 형용사로 '노르웨이의/노르웨이 사람[말]의'라고 풀이되는 Norwegian을 살펴보기로 하자.

'~나라의'라고 표현할 때는 나라 이름에 ~ese, ~an, ~ish, ~ic 등의 접미사를 붙이는데 정해진 법칙은 없다.

[~ese]

Japan	→ Japanese	China	→ Chinese
Portugal	→ Portugese	Nepal	→ Nepalese
Vietnam	→ Vietnamese		

[~an]

America	→ American	Italy	→ Italian
Canada	→ Canadian	Mexico	→ Mexican
Russia	→ Russian	India	→ Indian
Brazil	→ Brazilian	Australia	→ Australian

[~ish]

England	→ English	Spain	→ Spanish
Poland	→ Polish	Sweden	→ Swedish
Denmark	→ Danish	Turkey	→ Turkish

접미사가 붙지 않는 경우도 있다.

Netherlands	→ Dutch	France	→ French
Greece	→ Greek	Thailand	→ Thai
Israel	→ Israeli	Iraq	→ Iraqi
Argentina	→ Argentine	Philippines	→ Philippine

이 곡의 부제는 '작은 새는 날아갔다.'이다. bird는 '여자'를 가리키는 속어다. 가사를 보면 '그 여자의 방에는 근사한 노르웨이산 목재가구가 있었지. 다음 날 아침 눈을 떠보니 여자는 떠나고 없길래, 나는 불을 붙여 방을 태웠다.'고 되어 있

다. 따라서 제목의 wood는 역시 '목재가구'가 맞는 듯하다.
이 시기부터 비틀즈(특히 존 레논)의 가사는 초현실적이고 황당무계한 내용이 늘어간다.

090

You Won't See Me

Lennon-McCartney

will not은 '~하려고 하지 않다'

won't(will not)에는 거절하는 의사가 담겨 있어서 해석하면 '~하려고 하지 않다'가 된다.

> He won't listen.
> 그는 들으려고 하지 않는다. = 들을 귀를 갖고 있지 않다./들을 줄 모른다.
> She won't talk to me.
> 그녀는 나와 말을 하려고 하지 않는다.
> I won't cry.
> 난 울지 않을 거야.
> He won't take no for an answer.
> 그는 '아니.'라는 대답은 받아들이려고 하지 않는다. = 결코 단념하지 않는다.

이 곡의 제목은 '당신은 나를 만나려 하지 않아.'라는 뜻으로, 연인이 상대해주지 않는 상황을 노래하고 있다.

091

Nowhere Man

Lennon-McCartney

거처가 없는 남자의 노래

nowhere는 부사와 명사로 주로 쓰이는데, 구어에서는 '무의미한/가치 없는'이란 뜻의 형용사로도 사용된다.

I quit my nowhere job.
나는 장래가 보이지 않는 일을 그만뒀다.

부사라면 '아무데도 ~없다'가 된다.

He was nowhere to be seen.
그는 어디에서도 보이지 않았다.
This is getting nowhere.
이런 일을 해도 아무 소용이 없다. = 진척이 안 되다.

명사라면 '어딘지 모르는 곳/~할 곳이 없음'이 된다.

His house is in the middle of nowhere.
그의 집은 마을에서 떨어진 곳에 있다.
I have nowhere to go.
나는 갈 곳이 없다.

이 곡의 제목에 나오는 nowhere는 형용사이며, '거처가 없는 남자'라는 뜻의 nowhere man은 존이 만든 말이다.

092

Think For Yourself

Harrison

거짓말쟁이 여자여! 네 멋대로 해라!

-self는 앞에 붙는 전치사에 따라 뜻이 달라진다.

for -self 스스로/혼자 힘으로/자기 자신을 위해
by -self 혼자서/저절로
in -self 그 자체
of -self 저절로/자연히

예문을 살펴보자.

See for yourself.
직접 확인하세요.
I live by myself.
혼자 살고 있습니다.
For him, writing books was an end in itself.
그에게는 책을 쓰는 것 자체가 목적이었다. * end: 목적
The door opened of/by itself.
문이 저절로 열렸다.

노래 제목은 '네 자신을 위해 생각해. = 네 멋대로 해라.'로 해석된다. 이 곡은 '당신은 거짓말만 하고 있어. 나는 이제 함께 있지 않을 거니까 네 멋대로 해.'라는 내용이다. 노래 속 주인공은 아주 화가 난 모습이다.

093

Lennon-McCartney

The Word

예의 그 말 = 사랑이라는 말

word는 '말'이란 뜻인데, 관사 the가 붙어서 '예의 그 말', 다시 말해서 '사랑이란 말'을 가리키고 있다.
관사에는 부정관사 a/an, 정관사 the가 있으며 모두 명사 앞에 붙는다. 기본적으로 a/an은 화제에 처음 등장하는 명사(어느~)에, the는 이미 화제에 나와 있는 명사(그~)에 붙는다.

a/an과 the의 차이를 조금 더 설명하면 다음과 같다.

① 하나밖에 없는 것인가?
the는 하나밖에 없는 것에 붙는다.

The sun went down and the moon came up.
해가 지고 달이 떴다.

다만 full moon(보름달), new moon(초승달) 등은 몇 가지 형태 중 하나이므로 부정관사 a가 붙는다.

There will be a full moon tonight.
오늘밤은 보름달을 볼 수 있을 겁니다.

② 이미 화제에 나온 것인가(특별히 지정되어 있는 것인가)?
예를 들어 자동차가 처음으로 화제에 나왔을 때는 a를 붙인다.

I saw a car pass by.
자동차 한 대가 지나가는 것을 보았습니다.

같은 자동차가 다음에 나왔을 때는 the를 붙인다.

The car was black.
(그) 자동차는 검은색이었습니다.

③ 특정한 것인가?
듣는 사람이 어느 것인지 알지 못하는 경우에는 a/an을 쓴다.

I stayed at a hotel last night.
어젯밤에는 (어떤) 호텔에 묵었습니다.

말하는 사람과 듣는 사람이 모두 어느 것인지 알고 있다면 the를 붙인다.

I stayed at the hotel last night.
어젯밤에는 그 호텔에 묵었습니다.

word를 사용한 예문은 다음과 같다.

He likes to use big words.
그는 곧잘 어려운 말을 사용한다.
He is a man of many words and no action.
그는 말뿐이고 아무것도 하지 않는 남자다.
He is a man who keeps his word.
그는 약속을 지키는 남자다.

word와 관련한 이런 속담들도 있다.

A word to the wise is enough.
현자는 한마디로 충분하다. = 하나를 듣고 열을 안다.
Deeds, no words.
중요한 것은 행동이지 말이 아니다. = 불언실행不言實行.

094

Michelle

Lennon-McCartney

대천사 미카엘에서 유래한 이름

"Michelle, ma belle(미셸, 내 사랑)."이라는 가사로 시작되는 이 곡은 프랑스어로 연인을 부르는 러브 송이다.
Michelle은 성경에 나오는 대천사 미카엘에서 유래한 이름으로, 프랑스어로 '미셸'이라고 읽는다. Michelle은 여성 이름이며, Michel이라고 표기하면 유명 샹송 가수인 미셸 폴나레프Michel Polnareff의 이름처럼 남성 이름으로 쓰인다.
대천사 미카엘에서 유래한 Michelle은 영어에서는 '미셸(프랑스어와 동일)/마이켈', 독일어에서는 '미카엘/미하엘', 스페인어나 이탈리아어에서는 '미켈라/미겔'이 된다.

성경에 나오는 천사에는 계급이 있다. 상급, 중급, 하급 세 개가 있고, 각 계급이 다시 세 개씩의 계급으로 나뉘어 모두 아홉 개의 계급이 있다. 미카엘은 가장 높은 계급에 속하며 가톨릭교회에서는 가브리엘, 라파엘과 함께 3대 천사 중 하나다.

095

What Goes On?

Lennon-McCartney-Starkey

당신의 마음속은 어떤가요?

go on은 '일어나다'는 뜻이다. 가사에서는 What goes on 뒤에 '당신의 마음속', '당신의 머릿속'과 같은 말이 이어지는 의문문들이 나온다. 보통 go on을 의문문에서 사용하면, 마빈 게이의 유명한 반전反戰곡 「What's Going On」의 제목처럼 go가 진행형이 된다.

>	What's going on?
>	어떻게 된 거야?/무슨 일이야?/상태는 어때?
>	What's going on between you two?
>	너희 두 사람은 무슨 관계야?
>	What's going on in the world?
>	세계에서는 무슨 일이 생긴 거야?

go on에는 '계속하다'는 뜻도 있다.

>	Go on.
>	계속하세요.
>	He went on (and on) about politics.
>	그는 정치에 대해 (끝없이) 계속 말했다.

노래 제목은 '어떻게 된 거야?'라는 뜻이다. 여자에게 버림받아 '당신 마음속은 어떻게 된 거야?'라고 묻는 남자의 슬픈 노래다.

Girl

Lennon-McCartney

girl, woman, lady 각각의 차이는?

일반적으로 girl은 10대 여성을, woman은 성인 여성을 가리킨다. 하지만 분명히 성인 여성인데도 girl이라고 부를 때가 있다.

> That's my girl!
> 잘했어. = 역시 내 딸/아내/연인이다.

lady는 기품이 있는 여성을 가리키는데, woman을 정중하게 표현할 때도 사용된다.

> I'm going out for dinner with my old lady tonight.
> 오늘밤은 우리 집사람과 저녁 식사를 하러 나갈 거야.
>   * old는 애정을 담은 표현으로 나이와 관계가 없다.

girl에 대한 마릴린 먼로의 명언이 있다.

> A wise girl kisses but does not love, listens but doesn't believe, and leaves before she is left.
> 현명한 여자는 키스를 하지만 사랑하지 않고, 귀를 기울이지만 믿지 않는다. 그리고 버림받기 전에 버린다.

'젊은 여성'을 가리키는 제목의 노래 「Girl」에는 안타까운 연심이 담겨 있다.

I'm Looking Through You

Lennon-McCartney

look이 사용된 숙어들

노래 제목에 있는 look through는 '꿰뚫어 보다'라는 뜻으로, 다음과 같이 사용된다.

He was looking through her, not at her.
그는 그녀를 보고 있는 것이 아니라, 그녀의 마음을 간파했다.

이 곡의 제목은 '나는 당신의 본심을 꿰뚫어 보고 있다.'라는 뜻으로, 가사에는 변심한 여인에 대한 이야기가 나온다.
또 look through에는 '무시하다/대충 훑어보다'라는 뜻도 있다.

He was looking right through me.
그는 나의 맞은편을 보고 있었다. = 나를 완전히 무시했다.
I looked through the book.
나는 그 책을 대강 살펴보았다.

look이 들어간 숙어를 소개하면 다음과 같다.

I have to **look after** my little brother tomorrow.
나는 내일 남동생을 보살펴야 한다.
Don't **look back on** the past.
과거를 되돌아보지 마라.
I **look forward to** seeing you.
당신을 뵙기를 바랍니다.
Look out!
조심해! = 위험해!
He **looked up** the word in the dictionary.
그는 그 단어를 사전에서 찾아보았다.

In My Life

Lennon-McCartney

문맥 따라 바뀌는 life의 의미

life는 여기에서는 '인생/생애'이지만, 문맥에 따라서는 '생활/생명/활기' 등의 의미다. life를 사용한 예문을 살펴보면 다음과 같다.

> That's life.
> 인생(세상)은 그런 거야.
> The two are leading a happy life.
> 두 사람은 행복한 생활을 보내고 있다.
> He saved my life.
> 그는 제 목숨을 구해주었습니다. = 생명의 은인입니다.
> The village is full of life during the festival.
> 축제 기간 동안 마을은 활기에 넘친다.
> I've been waiting for someone like you all my life.
> 당신 같은 사람이 나타나기를 계속 기다리고 있었어요.
> The description was true to life.
> 그 묘사는 실물과 꼭 같았다.

이 곡의 제목은 '내 인생에서'라는 뜻이다. 노래의 주인공은 '인생에서 사랑해야 할 장소도 많고, 사랑해야 할 사람들도 많지만, 무엇보다 누구보다 당신을 사랑한다.'라고 말한다.

Wait

Lennon-McCartney

이제 곧 돌아가니까 기다리고 있어

wait는 여러 가지 형태로 사용할 수 있다.

> Wait for me!
> (뒤처진 나를) 기다려!
> What are you waiting for?
> 뭘 꾸물거리는 거야! = 빨랑빨랑 시작하자.
> I can't wait to see you.
> 당신을 만나는 것을 더는 기다릴 수 없다. = 만나고 싶어서 견딜 수가 없다.
> Let's wait and see.
> 잠시 상황을 보자.
> Just you wait and see.
> 두고 봐라.
> Time and tide wait for no man.
> 시간과 조수는 기다려주지 않는다. = 세월은 사람을 기다려주지 않는다. * 속담
> It can wait.
> 그것은 뒷전으로 미루어도 상관없다.

노래 제목은 '기다려.'라는 뜻으로, '이제 곧 돌아가니까 기다려줘.'라는 내용을 담고 있다.

100

If I Needed Someone

Harrison

가정법 과거와 가정법 과거완료

노래 제목은 가정법 과거로, 직역하면 '만약 누군가 필요하다면'이라고 풀이된다. 가정법 과거와 관련된 예문을 살펴보자.

> If I had enough money, I would buy that car.
> 만약 돈이 있다면, 저 차를 살 거다.

If I knew her phone number, I could call her.
만약 전화번호를 알고 있다면, 그녀에게 전화할 수 있다.

이와 같은 문장을 가정법 과거완료로 바꾸면 '아쉽지만 할 수 없었다.'라는 회한이 담긴다.

If I had had enough money, I would have bought that car.
만약 돈이 있었다면, 저 차를 샀을 텐데.
If I had known her phone number, I could have called her.
만약 전화번호를 알았다면, 그녀에게 전화할 수 있었을 텐데.

101

Run For Your Life

Lennon-McCartney

필사적으로 도망치는 게 좋을 거야

for one's life는 '필사적으로'라는 뜻의 숙어이다.

He ran for his life at the sight of a bear.
곰을 보자 그는 쏜살같이 도망쳤다.

노래 제목은 '필사적으로 도망쳐.'라는 뜻이다. 이 노래는 '만약 바람을 피우다 걸리면 가만 두지 않을 거야. 필사적으로 도망치는 게 좋을 거야.'라며 질투심이 강한 남자가 연인을 위협하는 꽤 무서운 내용이다.
run이 들어가 있는 숙어는 이 밖에도 다양하다.

I <u>ran across</u> my friend at the station.
역에서 우연히 친구를 만났다.
The dog began to <u>run after</u> the cat.
개는 고양이를 뒤쫓아 가기 시작했다.

She <u>ran away</u> from home.
그녀는 집을 나갔다.   * runaway: 가출자/도망자
We're <u>running out of</u> time.
이제 그다지 시간이 없다.
He <u>ran for</u> the mayor.
그는 시장에 입후보했다.

1966

1966년의 비틀즈

● 6/10   12th Single
  PAPERBACK WRITER/RAIN

● 8/5   13th Single
  YELLOW SUBMARINE/ELEANOR RIGBY

  7th Album
  REVOLVER

● 12/10 Compilation Album
  A COLLECTION OF BEATLES OLDIES

12th SINGLE   1966.6.10.

Lennon-McCartney

Paperback Writer

페이퍼백이란 어떤 책?

페이퍼백(paperback)은 종이 한 장으로 표지를 장정한 책으로 소프트커버(softcover)라고도 한다. 이에 비해 단단한 표지로 만들어진 책을 하드커버(hardcover) 혹은 양장본이라고 한다.

노래 제목 「Paperback Writer」는 쉽고 간편하게 읽을 수 있는 책을 쓰는 작가를 가리킨다. 가사에서는 페이퍼백 작가가 되고 싶다며 편집자에게 호소하고 있다.

mass-market paperback이란 말은 역에 있는 매점이나 슈퍼마켓에서 판매되는 소형 페이퍼백을 의미한다. trade paperback은 포켓판보다 큰 페이퍼백이다.

> **I bought a paperback copy of Harry Potter at the airport.**
> 공항에서 『해리 포터』 페이퍼백을 샀습니다.
>
> * copy는 '1부/1권'을 뜻하며 생략할 수도 있다.

작가는 storyteller, author라고도 한다.

> **Salinger is my favorite writer.**
> 가장 좋아하는 작가는 샐린저입니다.

Lennon-McCartney

Rain

여러 종류의 비

다른 언어와 마찬가지로 영어에도 비를 표현하는 여러 종류의 말이 있다.

drizzle 이슬비/부슬부슬 내리는 비
sprinkle 가랑비/조금 오다 마는 비
shower 소나기   rainstorm 폭풍우
downpour/drencher/rain cats and dogs 호우 * drench: 흠뻑 젖게 하다
thunderstorm 뇌우雷雨

rain을 활용한 표현은 다음과 같다.

If it rains tomorrow, our trip will be cancelled.
만약 내일 비가 내리면, 여행은 중지한다.
It's been raining on and off.
비가 내렸다가 멈췄다가 한다.
We all should save money for a rainy day.
누구나 만일의 경우에 대비하여 저축해야 한다.

이 곡은 단지 비에 대한 노래가 아니라, 비 오는 날과 맑은 날의 정경, 이미지를 묘사하고 있다.

13th SINGLE   **1966.8.5.**

Lennon-McCartney

Yellow Submarine

sub가 앞에 붙는 단어

sub는 '아래'를 나타내는 접두사이고, marine은 '바다의'라는 뜻이다. 두 단어를 합친 submarine은 '잠수함'이란 의미다.
sub에는 '부副'라는 뜻이 있는데, sub가 붙는 단어를 살펴보면 다음과 같다.

  subconcious   아래+의식 = 잠재의식/의식하고 있음
  subcontractor 아래+계약자 = 도급인(업자)

subculture	아래+문화 = 하위문화(서브컬처)
substandard	아래+표준 = 표준 이하의
subtitle	부+제목 = 부제 *subtitles: 복수형일 때 영화 등의 자막을 의미한다.
suburb	아래+도시 = 교외 *일반적으로 'the suburbs' 형태로 사용한다.
	예시) He lives in the suburbs of Tokyo.

또 submarine sandwich는 가늘고 긴 빵에 고기, 치즈, 야채를 끼운 샌드위치다. sub와 반대로 '위'를 뜻하는 접두사는 sur이다. '~에 더하여/~을 초월하다'라는 의미가 있다.

surcharge	더하다+요금 = 추가 요금
surface	위+겉 = 떠오르다 *명사는 표면
surname	더하다+이름 = 별명 *지금은 성姓이라는 뜻으로 쓰인다.
surrender	위+내밀다 = 내주다/항복하다/투항하다
surreal	초월하다+현실 = 초현실적인/환상적인/고차원적인
surpass	위+넘다 = ~보다 낫다/(범위 등을) 넘다

105

Eleanor Rigby

Lennon-McCartney

영어 이름의 애칭

'저 외로운 사람들을 보라.'는 가사로 시작되는 이 곡에는 엘리너 릭비와 매킨지 신부에 대한 이야기가 담겨 있다. 여기서 엘리너는 여성의 이름이다. 엘리너 Eleanor의 애칭에는 엘리Ellie, 넬Nell, 넬리Nellie, 노라Nora(h) 등이 있다.
여기에서 퀴즈 하나, 다음 단축형 애칭의 정식 이름들은 뭘까?

1. Cindy(신디)
2. Becky(베키)
3. Debbie(데비)
4. Patty(패티)
5. Kate(케이트)
6. Larry(래리)

7. Tony(토니)
8. Bill(빌)
9. Jack(잭)
10. Bob(밥)

엘리너라는 이름을 가진 실존 인물 중에서 가장 유명한 사람은 미국 제32대 대통령 프랭클린 데라노 루즈벨트의 아내일 것이다. 가장 활동적이었던 퍼스트 레이디로 알려져 있는데 그녀는 다음과 같은 명언을 남겼다.

The future belongs to those who believe in the beauty of their dreams.
미래는 멋진 꿈을 믿는 사람들에게 펼쳐져 있다.
Do one thing everyday that scares you.
자신이 두려워하는 것을 매일 하나씩 하라.

이제 퀴즈 정답을 공개한다.

1. Cynthia(신시아)
2. Rebecca(레베카)
3. Deborah(데보라)
4. Patricia(퍼트리샤)
5. Katherine(캐서린)
6. Lawrence/Laurence(로렌스)
7. Anthony(앤터니)
8. William(윌리엄)
9. John(존)
10. Robert(로버트)

7th ALBUM   1966.8.53.

REVOLVER

revolver라고 하면 회전식 권총을 떠올리는 사람이 많겠지만 '회전하다/순환하다' 등의 뜻이 있다. 이 앨범의 이름은 레코드가 회전하는 물체라는 점에 착안해 붙였다고 한다.

1	Taxman	8	Good Day Sunshine
2	Eleanor Rigby	9	And Your Bird Can Sing
3	I'm Only Sleeping	10	For No One
4	Love You To	11	Doctor Robert
5	Here, There And Everywhere	12	I Want To Tell You
6	Yellow Submarine	13	Got To Get You Into My Life
7	She Said She Said	14	Tomorrow Never Knows

Taxman

Harrison

여성 세무원은 뭐라고 하나?

taxman은 '(남성) 세금징수원'을 가리킨다. 하지만 성차별적이지 않은 용어를 즐겨 쓰는 요즘에는 남녀에 상관없이 tax collector라고 한다.
세무서는 revenue office 혹은 tax office, 소득세는 income tax, 국세청에 해당하는 미국의 세금징수기관은 Internal Revenue Service, 보통 IRS라고 한다.

> **I filed my tax return on time but I haven't received my refund yet.**
> 확정신고는 기일까지 끝냈습니다만, 환부금은 아직 받지 못했습니다.

이 곡의 주인공은 세금을 징수하는 세무원인데 '세금으로 전부 징수되지 않는 것만도 고맙게 생각하세요.', '당신은 나를 위해 일하는 것입니다.'라는 식으로 말한다. 한마디로 세무서를 풍자한 노래다.

Eleanor Rigby (→ p. 122)

I'm Only Sleeping

Lennon-McCartney

'잠을 자다'와 관련된 표현들

'나는 자고 있을 뿐.'이라는 제목의 노래로 '자고 싶으니 깨우지 말아줘.'라는 내용을 담고 있다.
'자다'에는 sleep 이외에도 여러 가지 표현이 있다. 예문을 살펴보면 다음과 같다.

> **I usually go to bed before midnight.**
> 보통 12시까지 잡니다.

The baby **fell asleep** in seconds.
아기는 금방 잠들었다.
I'm going to **take a nap**.
잠깐 낮잠을 잘 거야.
He **dozed off** during the meeting.
그는 회의 중에 꾸벅꾸벅 졸았다.
He **took a snooze** after lunch.
그는 점심 식사 후에 선잠을 잤다.
He **slumbered** the afternoon **away**.
그날 오후 그는 졸면서 시간을 보냈다.

한편 '죽은 체하다'는 play opossum이다. opossum은 미국 대륙에 서식하는 주머니쥐로 위험이 닥치면 죽은 체한다고 알려져 있다.

108

Love You To

Harrison

번역하기 어려운 제목인 이유

남녀의 사랑을 담은 노래인데 「Love You To」는 정확히 번역하기가 어려운 제목이다. 주어 I가 생략되어 있는 것은 알 수 있지만, 그렇다 치더라도 문장이 제대로 구성되어 있지 않다. 다만 상황상 to 뒤에 pieces/bits와 death 정도가 이어진다고 추측할 수 있다.

I love you to pieces/bits.
당신의 모든 것을 사랑한다.
I love you to death.
너를 죽도록 사랑해.

* 케빈 클라인Kevin Kline이 주연한 영화 제목이기도 하다.
  우리나라에서 개봉했을 때 번안된 영화 제목은 「바람둥이 길들이기」였다.

또한 노래 제목에서는 벗어나는 말이지만, to death는 '죽음에 이를 때까지/죽을 만큼'의 뜻이 있다.

I'm bored to death.
지루해서 죽을 지경이다.
He could bleed to death.
그는 과다 출혈로 죽을 수도 있다.

109

Here, There And Everywhere

Lennon-McCartney

here나 there를 사용한 표현

노래 제목은 '여기에서도, 그곳에서도, 어디에 있더라도'라는 뜻이다. 어디에 있든 사랑하는 사람 곁에 있고 싶다는 내용을 담고 있는 곡이다. everywhere만으로도 '어디에나'라는 뜻이지만, here나 there가 추가되면 어디에나 있다는 의미가 강조된다.
-where가 붙는 단어에는 everywhere(어디에나), anywhere(어디엔가/아무 데도/어디라도), nowhere(아무 데도 ~없다/어딘지 모르는 곳에서)가 있다.
각각의 예문을 살펴보면 다음과 같다.

He was welcomed everywhere.
그는 어디에서나 환영을 받았다.
Is there anywhere you'd like to go?
어딘가 가고 싶은 곳이 있나요?
I'm not going anywhere.
나는 아무 데도 가지 않겠습니다.
You can put it anywhere you want.
어디든 마음에 드는 곳에 놓아주세요.

He has nowhere else to go.
그에게는 갈 수 있는 장소가 여기밖에는 없다.
A bear appeared out of nowhere.
곰이 어딘가에서 갑자기 나타났다.

here나 there를 사용해 표현한 예문은 다음과 같다.

Here you are.
[상대방에게 무언가를 내밀며] 자, 여기.
Here we are.
[목적지에 왔을 때] 자, 도착했습니다.
Here's to you!
[파티 등에서] 건배!
Get out of here.
여기서 나가.
She worked here and there.
그녀는 여기저기에서 일했다.
There you go.
그래 그렇게 해./이봐, 또 (나쁜 짓을) 저질렀다./또 그 얘기야.
There you are.
그렇게 하면 돼./아이고./자, 또 시작됐어./ [찾고 있던 상대방을 발견했을 때] 이런, 이런 곳에 있었던 거야.
Are you there?
[전화 상대방이 잠자코 있을 때 등] 여보세요, 들리니?
We're almost there.
[목적지에] 이제 곧 도착이야. = 거의 다 왔어.
I've been there.
나한테도 같은 경험이 있다. = 그 기분은 잘 알아.

Yellow Submarine (→ p. 121)

She Said She Said

Lennon-McCartney

say 대신에 사용하는 말

노래 제목은 '그녀는 말했다.'이지만, 노래 속에서는 'she said(그녀는 말했다)'와 'I said(나는 말했다)'가 등장하며 삶과 죽음에 대한 의견을 주고받는다.

그런데 영어 회화문에는 she said와 he said가 자주 나온다. 이유 중 하나는 영어에는 여성 언어나 남성 언어가 없어, 회화가 길어지면 누구의 말인지 알 수 없기 때문이다.

"Where are you going?" he said.
"어디에 가니?" 그가 말했다.
"To The convenience store." she said.
"편의점에 가." 그녀는 말했다.

say 대신에 다음과 같은 말이 사용된다.

add 덧붙이다
express 표현하다
reply 응답하다
speak 이야기하다
tell 말하다
relate 전하다

answer 대답하다
mention 언급하다
remark 진술하다
reveal 나타내다
voice 목소리로 내다
put into words 말로 나타내다

say가 들어 있는 숙어도 있다.

As you say.
말씀대로 하겠습니다./그 말이 전적으로 옳다.
Say no more.
더는 말하지 마라. = 당신이 말하는 것을 인정한다.

What can I say?
뭐라고 하면 좋을까? = 설명할 방법이 없다.

111

Good Day Sunshine

| Lennon-McCartney

날씨를 나타내는 형용사

노래 제목은 '햇빛이 비치는 기분 좋은 날'이란 뜻이다.
날씨, 더위나 추위, 습기나 안개를 나타내는 형용사를 소개한다.

- sunny 햇볕이 잘 드는
- rainy 비 오는
- snowy 눈의
- warm 따뜻한
- steamy 고온다습의
- scorching 찌는 듯이 더운
- cold 추운
- muggy 후텁지근한
- foggy 안개가 낀
- cloudy 흐린
- windy 바람이 센
- stormy 폭풍우의
- hot 더운
- humid 습기가 많은
- cool 시원한
- freezing 몹시 추운
- dry 건조한
- hazy 안개가 낀

그런데 Windy City(바람의 도시)라는 별명이 붙은 도시를 아는가? 그건 바로 미국 일리노이주에 있는 시카고다. 미시간 호수로부터 바람이 세차게 불기 때문에 그렇게 불리게 되었다는 설이 있다. 그러나 1893년의 만국박람회를 유치하려고 했던 시카고 시민을, 뉴욕의 신문이 바람에 빗대어 야유한 데서 시카고의 별명이 유래했다는 설도 있다. 이는 windy에 '허풍 떠는/수다스러운'이란 뜻도 있기 때문이다.

And Your Bird Can Sing

Lennon-McCartney

can의 용법

노래 제목은 '당신의 작은 새는 (멋지게) 노래할 수 있다.'라는 뜻이다. 제목에 있는 can은 '~할 수 있다'로 해석하면 되지만, 「You Can't Do That」에서 설명했듯이 can에는 이 밖에도 '~해도 좋다/~할 가능성이 있다/(부정문에서) ~할 리가 없다' 등의 뜻이 있다.

> I'm sure you can finish the work by tomorrow.
> 당신이라면 반드시 내일까지 일을 끝낼 수 있을 거라고 생각한다.
> Never put off until tomorrow what you can do today.
> 오늘 할 수 있는 일을 내일로 미루지 마라. * 속담
> You can eat as much as you like.
> 좋아하는 만큼 먹어도 좋습니다.
> The tax can go up to 20 percent.
> 세금은 20퍼센트까지 오를 가능성이 있다.
> It can't be the right answer.
> 그것은 올바른 대답일 리가 없다.

For No One

Lennon-McCartney

사람을 나타내는 one

'누구를 위해서도 아닌'이란 제목의 이 곡은 2인칭 형식으로 당신과 그녀의 사랑이 끝났다는 내용을 담고 있다.
제목에 있는 one은 사람을 가리키고, no one은 nobody로 바꿀 수도 있다. 사람

을 가리키는 one이 들어 있는 단어를 소개하면 다음과 같다.

no one / nobody 아무도 ~않다
everyone 누구나 다
someone 어떤 사람/누군가
anyone 누군가/누구도/누구라도

모두 단수로 간주하고, no one 이외는 한 단어다. 예문으로 사용하는 방법을 살펴보자.

No one came to the party.
파티에는 아무도 오지 않았다.
Everyone was surprised.
모두가 놀랐다.
Someone is at the door.
현관에 누군가 와 있다.
Can somebody drive me home?
누가 집까지 좀 태워줄래?
Anybody home?
(사람의 집을 방문해) 누군가 계십니까? = 실례합니다.
Don't tell anybody.
누구에게도 말하지 마.
Anyone can make mistakes.
누구나 실수할 수 있다.
Everybody's business is nobody's business.
모두의 책임은 누구의 책임도 되지 않는다. = 공동 책임은 무책임. * 속담

Doctor Robert

Lennon-McCartney

경칭의 생략형

Doctor는 의사나 박사 학위자에 대한 경칭이다. Doctor를 Dr.로 표기하듯이, 경칭은 생략형으로 쓰는 경우가 많다. 예를 들면 다음과 같다.

Mr. 남성 **Mrs.** 기혼 여성
Miss 미혼 여성 **Ms.** 여성 * 결혼 여부를 구별하지 않는 말
Esq.(=Esquire) 변호사 등의 남성
  * John White, Esq.와 같이 이름 뒤에 생략형으로 이용한다.
Prof.(=Professor) 대학교수
Sr.(=Sir) 기사(Knight) 작위를 받은 남성 * 손윗사람에 대한 호칭으로도 쓴다.

우리나라에서는 교사에게 '선생'이란 경칭을 쓰지만, 영어에서는 이름 앞에 Mr.나 Miss/Mrs./Ms.를 붙인다.
성별이나 결혼 유무를 구별하지 않는 경칭으로 Mx.가 있다. 성소수자를 비롯하여 성별을 밝히고 싶지 않은 사람, 자신은 남성도 여성도 아니라고 느끼는 사람을 위해 1970년대에 고안되었는데, 2015년에 이르러 성별에 중립적인 경칭으로 옥스퍼드 영어사전에 등재되었다.
이 곡은 '닥터 로버트에게 전화해 부탁하면 기분 좋게 해줄 거다.'라는 내용인데, 의사가 비타민제에 환각제를 섞어 환자를 마약 의존증에 빠지게 만든 실화를 소재로 삼았다고 한다.

115

Harrison

I Want To Tell You

want가 사용된 긍정문

want to~는 '~하고 싶다'라는 표현이다. to 다음에는 동사 원형이 온다. 「Do You Want To Know A Secret」에서 '~하고 싶어?'라는 의문문을 사례를 들었으니, 여기에서는 긍정문의 사례를 살펴보기로 한다.

I want to ask you a question.
질문을 하고 싶습니다. = 질문이 있습니다.

I want to know what you're thinking.
당신이 무엇을 생각하고 있는지 알고 싶다.
I want to know who I'm going to marry.
내가 누구랑 결혼하게 될지 알고 싶다.
I want to be a billionaire.
억만장자가 되고 싶다.

「Do You Want To Know A Secret」에서 Do you want to~의 공손한 표현은 Would you like to~라고 설명했는데, I want to~의 공손한 표현은 I would like to~/I'd like to~이다.
I want to~는 자신의 희망이나 요구를 직접 말할 때에, I'd like to~는 자신의 희망이나 요구를 정중하게 전할 때에 사용한다.

I'd like to ask you a question.
질문을 드리고 싶습니다만.
I'd like to ask you out for a date.
당신에게 데이트 신청을 하고 싶습니다만. = 저와 데이트를 해주시겠습니까?

「I want to tell you」는 '당신에게 말하고 싶다.'라는 뜻이다. 이 노래는 '내 마음을 당신에게 전하고 싶다.'는 내용을 담고 있다.

116

Got To Get You Into My Life

Lennon-McCartney

get ~ into의 의미

got to는 「All I've Got To Do」에서 설명했듯이 have got to에서 have를 생략한 표현법이다. have to나 must의 일상적인 표현으로 '~해야 한다'는 뜻이다.
get A into B's life는 'A를 B의 인생에 받아들이다'라는 의미다.
노래 제목에서는 I've가 생략되어 있다. 제목을 해석하면 '어떤 일이 있어도 당신을 내 인생에 받아들일 거야.'라는 뜻이 된다. 단 get you into my life는 대단히 강제적인 표현('받아들이다'라기보다 '억지로 끌어들이다'라는 느낌)이라 임팩트는 있지만 사실 이 문장은 거의 사용되지 않는다.
의미는 다르지만 come into one's life 표현은 많이 사용된다.

I still remember the day you came into my life.
당신을 만난 날은 지금까지도 기억한다.
I've been waiting for a girl like you to come into my life.
당신 같은 사람을 만날 수 있기를 계속 기다리고 있었다.

117

Tomorrow Never Knows

Lennon-McCartney

속담을 흉내 낸 표현

Tomorrow never comes. '내일이라는 날은 결코 찾아오지 않는다. = 오늘 해야 할 일은 오늘 하자.'라는 속담에 빗댄 제목이다.
직역해서 '내일은 알지 못한다.'라고 해석할 수 없는 것은 아니지만, 「A Hard Day's Night」와 마찬가지로 링고가 실수로 내뱉은 말을 노래 제목으로 삼았다고 알려져 있다.
'내일은 무슨 일이 일어날지 모른다.'는 본래 다음과 같이 표현한다.

No one knows what will happen tomorrow.
내일 무슨 일이 일어날지는 누구도 모른다.
God knows what will happen tomorrow.
내일 무슨 일이 생길지는 신만이 안다.
There is no telling what will happen tomorrow.
  * 여기에서 tell은 '알다/분별하다'는 의미다.
내일 무슨 일이 일어날지는 알 수 없다.

COMPILATION ALBUM   1966.12.10.

A COLLECTION OF BEATLES OLDIES

『Revolver』 다음으로 싱글 히트곡을 담은 기획 앨범 『A Collection Of Beatles Oldies』가 발매되었다. CD로 출시되지는 않았지만 이 앨범에는 영국에서 발표하지 않은 노래가 한 곡 들어 있었다. 1965년 6월 14일에 발표된 미국 편집반 『BEATLES VI』에 실린 「Bad Boy」다. 현재는 『Past Masters』에 수록되어 있다.

1 She Loves You
2 From Me To You
3 We Can Work It Out
4 Help!
5 Michelle
6 Yesterday
7 I Feel Fine
8 Yellow Submarine
9 Can't Buy Me Love
10 Bad Boy
11 Day Tripper
12 A Hard Day's Night
13 Ticket To Ride
14 Paperback Writer
15 Eleanor Rigby
16 I Want To Hold Your Hand

Bad Boy

Larry Williams

bad는 나쁘다? 멋있다?

bad는 보통 '나쁜' 것이나 '나쁜' 사람에 사용된다.

bad habit 악습	bad tooth 충치
bad odor 악취	bad temper 성급함
bad manners 버릇없음	bad breath 구취
bad luck 불운	

I had a bad day at the office.
회사에서 혹독한 하루를 보냈다.
I have some bad news.
나쁜 소식이 있다.
He is getting a bad name.
그는 평판이 나쁘다.
I feel bad for her.
그녀를 딱하게 여긴다.
I have a bad feeling about this.
(이것 때문에) 어쩐지 느낌이 싫다.
One bad apple spoils the barrel.
썩은 사과 하나가 상자 속 사과 전체를 망친다. * 속담

한편 bad는 속어로 '근사하다/굉장하다'라는 뜻으로도 쓰이는데, 마이클 잭슨의 히트곡 「Bad」에서는 '근사하다/굉장하다'와 '나쁘다'라는 양쪽의 의미로 사용된 것 같다.
「Bad Boy」는 '나쁜 녀석'이란 뜻으로, 로큰롤에 빠져 있는 말썽꾸러기에 대한 노래다.

1967

- 2/17 14th Single
  STRAWBERRY FIELDS FOREVER/PENNY LANE

- 6/1 8th Album
  SGT. PEPPER'S LONELY HEARTS CLUB BAND

- 7/7 15th Single
  ALL YOU NEED IS LOVE/BABY YOU'RE A RICH MAN

- 11/24 16th Single
  HELLO GOODBYE/I AM THE WALRUS
  11/27 9th Album
  MAGICAL MYSTERY TOUR

1967년의 비틀즈

14th SINGLE 1967.2.17.

Lennon-McCartney

Strawberry Fields Forever

왜 '짚 과실'이 딸기인가?

Strawberry Field는 존 레논이 살던 미미 이모집 근처에 있던 전쟁고아원의 별칭이다.
strawberry field는 보통명사로 '딸기밭'이나, 환각제 LSD를 가리키는 속어이기도 하다. 「Lucy In The Sky With Diamonds」도 LSD를 노래한 것이라는 설이 있다.
LSD의 속칭은 그 밖에도 purple haze(보라빛 연기. 지미 헨드릭스의 노래 중에도 동일한 제목의 노래가 있다), royal blue(로열 블루), sunshine(햇빛), blue heaven(푸른 천국), white lightning(백색 번개) 등과 같이 아주 많다. 정말 모두 아름다운 말이다.
strawberry는 그대로 직역하면 '짚 과실'인데, 왜 영어권에서는 딸기를 이렇게 부르게 되었을까? 짚을 깔고 딸기를 키웠기 때문이라든지, 딸기를 짚으로 싸서 팔았기 때문이라든지, straw가 아니라 본래는 '온통 뒤덮다'라는 뜻의 strew였는데 이는 딸기가 지면을 덮어버리도록 재배했기 때문이라는지 등의 설이 있는데 모두 분명치 않다.
노래 제목은 '스트로베리 필즈여, 영원히'라는 뜻으로, 이 곡은 '데리고 가줄게요. 나도 가려는 참이니. 스트로베리 필즈에.'라는 가사로 시작된다.

Lennon-McCartney

Penny Lane

lane, street, avenue의 차이는?

Penny Lane은 말 그대로 '페니 거리'이며 리버풀에 있는 버스 도로의 이름이다.

'1페니로 갈 수 있는 노선'이라는 뜻에서 유래했다고 한다.
말이 나온 김에 길과 관련된 다양한 단어를 소개한다.

    trail 좁은 길/숲속에서 짐승이 다니는 길
    sidewalk 보도
    path 작은 길
    alley 뒷골목/큰길 사이의 좁은 길
    lane 좁은 길/작은 길
    road 차가 다니는 도로
    street 양쪽에 건물이 줄지어 서 있는 거리의 도로
    avenue 양쪽에 건물이 줄지어 서 있고 대개는 가로수가 심어진 넓은 길
    boulevard 가로수가 이어지는 넓은 도로
    drive 넓은 길

참고로 우리는 하이웨이를 고속 도로라고 여기지만, 영어에서 highway는 간선 도로나 공공 도로를 말한다. 영어에서 고속 도로는 express way, freeway, turnpike, throughway 등으로 불린다.

8th ALBUM   **1967.6.1.**

SGT. PEPPER'S LONELY HEARTS CLUB BAND

1. Sgt. Pepper's Lonely Hearts Club Band
2. With A Little Help From My Friends
3. Lucy In The Sky With Diamonds
4. Getting Better
5. Fixing A Hole
6. She's Leaving Home
7. Being For The Benefit Of Mr. Kite!
8. Within You Without You
9. When I'm Sixty-Four
10. Lovely Rita
11. Good Morning Good Morning
12. Sgt. Pepper's Lonely Hearts Club Band(Reprise)
13. A Day In The Life

Lennon-McCartney

Sgt. Pepper's Lonely Hearts Club Band

군대 계급을 나타내는 용어

Sgt.는 sergeant의 약어로, 군대라면 '부사관', 경찰이라면 '수사부장' 등을 가리키는데 계급 명칭은 조직에 따라 다르다. 앨범 재킷에 사이키델릭한 군대풍의 옷차림을 한 비틀즈가 있으니 여기에서는 페퍼 부사관으로 해석해야 할 것이다. 즉 이 곡의 제목은 「페퍼 부사관의 론리 하츠 클럽 밴드」다.
lonely hearts는 '교제 상대를 구하는 독신자를 위한'(형용사), '중년의 고독한 사람들'(명사)이라는 뜻이 있다.

> **She placed an advertisement in the lonely-hearts column in the local newspaper.**
> **그녀는 지역 신문의 교제 상대 모집란에 광고를 냈다.**

앨범의 맨 처음에 수록된 이 곡은 밴드 이름 소개에 이어 '쇼를 재미있게 즐겨주십시오.'라는 말로 노래가 시작된다.
영국 육군의 주요 계급을 몇 가지 소개한다.

Marshal 원수	**General** 대장
Lieutenant General 중장	**Major General** 소장
Colonel 대령	**Lieutenant Colonel** 중령
Major 소령	**Captain** 대위
Lieutenant 중위	**Second Lieutenant** 소위
Sergeant 중사	**Corporal** 병장
Private 일등병	

With A Little Help From My Friends

Lennon-McCartney

little과 a little의 차이는?

little은 '~이 거의 없다', a little은 '~이 조금 있다'라는 뜻이다. 노래 제목은 '친구들이 조금만 도와준다면'으로 풀이된다.
(a) little과 같은 의미의 단어로 (a) few가 있다. 마찬가지로 few는 '~이 거의 없다', a few는 '~이 약간 있다'는 뜻이다.
(a) little에는 much와 같이 불가산명사가, (a) few에는 many와 같이 가산명사가 이어진다. 불가산명사는 액체나 기체, 재료나 추상 개념 등 일정한 형태가 없고 양으로 나타내는 것을 가리키는 명사이고, 가산명사는 형태가 있어서 숫자로 셀 수 있는 것을 가리키는 명사이다. much와 many에 대해서는 「You Like Me Too Much」 항목을 참조 바란다.

> There's <u>little</u> coffee left in the pot.
> 포트에는 커피가 거의 남아 있지 않다.
> There's <u>a little</u> coffee left in the pot.
> 포트에는 커피가 약간 남아 있다.
> He has <u>few</u> friends.
> 그는 친구들이 거의 없다.
> He has <u>a few</u> friends.
> 그는 친구가 몇 사람인가 있다.

bread(빵)나 furniture(가구)는 형태가 있지만 빵은 잘라서 나눌 수 있고 가구는 종류 전체를 나타내기 때문에 불가산명사로 분류된다. 단 가게에서 마실 것을 두 개 이상 주문할 때는 액체(불가산명사)라도 복수를 나타내는 s를 붙이는 것이 일반적이다. 말하지 않아도 뻔하기 때문에 잔이나 컵 등의 용기(가산명사) 단위를 빼고 복수로 쓰기도 한다.

> I'd like to have two glasses of beer, please. = Two beers, please.
> 맥주 두 잔 주세요.

Could we have three cups of coffee? = Three coffees, please.
커피 석 잔 주세요.

123

Lucy In The Sky With Diamonds

Lennon-McCartney

with Diamonds의 정확한 뜻

하늘에 떠 있는 것을 나타낼 때는 전치사 in을 사용한다.

> The sun is shining in the blue sky.
> 푸른 하늘에 태양이 빛나고 있다.
> So many stars are twinkling in the sky.
> 밤하늘에 무수한 별들이 반짝이고 있다.
> There's a full moon in the sky.
> 밤하늘에 보름달이 떠 있다.

여기에서는 천체와 관련해 태양계에 존재하는 행성과 왜소혹성의 명칭, 이름의 유래와 관련 있는 로마 신화와 그리스 신화에 나오는 여러 신들을 소개한다.

행성/왜소행성	영어	로마 신화	그리스 신화	의미
수성	Mercury	메르쿠리우스	헤르메스	여행과 상업의 신
금성	Venus	비너스	아프로디테	사랑과 미의 여신
지구	Earth	테라	가이아	대지의 신
화성	Mars	마르스	아레스	전쟁의 신
목성	Jupiter	유피테르	제우스	최고의 신
토성	Saturn	사투르누스	크로노스	시간과 농경의 신
천왕성	Uranus	우라누스	우라노스	하늘의 신
해왕성	Neptune	넵투누스	포세이돈	해양의 신
명왕성	Pluto	플루토	하데스	저승의 신

노래 제목을 풀이하면 '다이아몬드와 함께 하늘에 떠 있는 루시'다. 루시는 존 레논의 아들인 줄리안의 유치원 친구 루시 오도넬이다. 이 곡은 줄리안이 루시를 그린 그림을 보고 존이 만들었다.

124

Getting Better

Lennon-McCartney

비교급의 규칙

get better는 '호전하다/향상되다'라는 뜻이다.

> I hope you are getting better.
> 몸 상태가 좋아지시기를 기원합니다.
> Your English is getting better and better.
> 당신의 영어는 점점 좋아지고 있네요.

better는 good(형용사)과 well(부사)의 비교급(최상급은 best)이다. 비교급을 만드는 데는 몇 가지 방법이 있다.

- 원급에 er을 붙인다. tall → taller
- 원급에 r을 붙인다. large → larger
- 원급의 y를 i로 바꾸고 er을 붙인다. easy → easier
- 원급의 맨 마지막 자음을 겹쳐 쓰고 er을 붙인다. hot → hotter
- 글자수가 많은 단어의 원급 앞에 more을 붙인다.
  expensive → more expensive

better와 같이 비교급과 최상급이 불규칙하게 변화하는 단어는 이 밖에도 많다.

many → more → most   much → more → most
bad → worse → worst   ill → worse → worst

little → less → least

이 곡의 제목은 '점점 좋아지고 있다.'라는 뜻이며, 노래는 '나는 망나니였지만, 당신을 알게 된 뒤 점점 좋아지고 있다.'는 내용이다.

125

Fixing A Hole

Lennon-McCartney

fix의 여러 의미

fix는 '수리하다/결정하다/고정하다/조절하다/준비하다'라는 뜻이다.

> He is fixing the fence at the ranch.
> 그는 목장에서 울타리를 수리하고 있다.
> You need to fix your schedule.
> 일정을 정해주세요.
> I'll fix a sandwich.
> 지금부터 샌드위치를 만들겠습니다.
> Their eyes were fixed on her.
> 그들의 눈은 그녀에게 고정되었다.
> She fixed her hair in a pony tail.
> 그녀는 머리를 포니테일로 했다.

사람을 나타내는 명사 fixer는 '수리하는 사람/중개자/해결사/마약 밀매인'이란 뜻이다.

「Fixing A Hole」은 '구멍을 메우다.'라는 뜻으로, 이 곡은 '비가 새는 구멍을 메우고 있다.'라는 내용을 담고 있다. 비유를 많이 쓴 철학적인 가사라고 알려져 있다.

She's Leaving Home

Lennon-McCartney

leave의 용법

leave는 한순간에 끝나는 동작을 나타내는 동사다. 진행형이라도 '~하고 있다'는 뜻으로 번역되지 않으며 따라서 노래 제목은 그냥 '그녀는 집을 떠난다.'이다.
자동사 leave에는 '떠나다/출발하다'의 뜻이 있다.

> I'm leaving at five o'clock tomorrow.
> 내일은 5시에 출발합니다.

타동사 leave에는 '~에서 나가다/(일을) 그만두다/(물건을) 남기다/~을 위탁하다/~을 내버려두다' 등의 뜻이 있다.

> I left home when I was twenty.
> 나는 스무 살 때 집을 나왔습니다.
> I left my job because I was burn-out.
> 일을 그만둔 이유는 완전히 지쳤기 때문입니다.
> I left my homework at home.
> 숙제를 집에 두고 왔습니다.
> Leave it to me.
> 내게 맡겨주세요.
> Leave me alone!
> 내버려둬.

명사 leave는 '휴가'라는 뜻이다.

> **sick leave** 병가
> **maternity leave** 출산 휴가
> **parental leave** 육아 휴가

Being For The Benefit Of Mr. Kite

Lennon-McCartney

for the benefit of = ~을 위하여

benefit에는 '이익/자선 행사'와 같은 뜻이 있는데, for the benefit of는 숙어로 '~을 위하여'라는 의미를 나타낸다. 이 곡의 제목은 '카이트 씨를 위하여'라는 뜻이다. 노래는 카이트 씨를 위해 열리는 서커스를 소개하는 내용이다.
자주 접하는 문구인 benefit of the doubt는 '증거가 불충분할 때 피고에게 유리하게 해석하는 것 = 무죄추정주의'를 뜻한다.

> I don't know whether her story is true or not, but I decided to give her the benefit of the doubt.
> 그녀의 이야기가 사실인지 아닌지 모르지만, 의심만으로는 처벌하지 않기로 했다.

Within You Without You

Harrison

within과 without의 의미는?

within은 '~의 안에서', without는 '~없이'라는 뜻으로, 노래 제목은 '당신 안에서, 당신 없이'라는 의미다. 철학적인 가사가 전개된다.
within과 without은 다음과 같이 사용한다.

> We have to live within our income.
> 자신의 수입 내에서 생활해야 한다. = 분수에 맞게 살아야 한다.
> He felt the frustration building within him.
> 그는 자신의 내부에서 욕구 불만이 심해져가는 것을 느꼈다.

We will let you know within three days.
3일 이내에 알려드리겠습니다.
I can't live without you.
당신 없이는 살 수 없다.
We found the house without difficulty.
그 집은 어렵지 않게 찾았다.
She started to cry without any reason.
그녀는 아무런 이유도 없이 울기 시작했다.

129

When I'm Sixty-Four

Lennon-McCartney

두 자리 숫자 표기법

64와 같은 두 자리 숫자는 노래 제목의 sixty-four와 같이 10단위와 1단위 사이에 하이픈을 넣어 표기한다.

He is forty-three.
그는 43세입니다.

두 자릿수라도 한 단어라면 하이픈을 넣지 않는다.

She is nineteen.
그녀는 19세입니다.

또 나이를 표기할 때 다음 예시처럼 year(s) old를 형용사로 사용하는 경우는 하이픈으로 연결하는데, 이때는 2 이상의 숫자라도 year가 복수가 되지 않는다.

He is a twenty-five-year-old student.
그는 25세 학생입니다.

The CEO is a sixty-seven-year-old lady.
CEO는 67세 여성입니다.

참고로 틴에이저란 영문 나이에 teen이 붙는 13세부터 19세까지를 가리키는데, 10대라도 teen이 붙지 않는 10세부터 12세까지는 틴에이저에 해당하지 않는다. 「When I'm Sixty-Four」는 '64세가 된다면'이라는 뜻으로, '내가 64세가 되어도 나를 필요로 해줄 건가?'라며 따뜻한 부부애를 노래했다.

Lovely Rita

Lennon-McCartney

리타는 여성 교통경찰관

lovely는 '아름다운/멋진'이란 뜻인데, 스티비 원더가 「Isn't She Lovely」에서 태어난 지 얼마 안 된 딸에게 사용했듯 '귀여운/사랑스러운'이란 뜻도 있다. 수식할 수 있는 것은 사람이나 동물뿐이 아니다.

> What a lovely view!
> 이 얼마나 멋진 경치인가!
> We had a lovely time at the party.
> 정말로 재미있는 파티였습니다.
> It was a lovely dinner.
> 훌륭한 저녁 식사였습니다. = 잘 먹었습니다.
> It's a lovely day, isn't it?
> 날씨 좋네요.
> It's lovely of you to drop by.
> 들러주시다니 다정하시네요.

주차 위반을 단속하는 여성 교통경찰관(meter maid)인 리타를 '멋진 리타'라고 일컫는 이 곡은 여성 교통경찰관을 사랑한 남자 이야기를 다룬 노래다.

Good Morning Good Morning

Lennon-McCartney

인사말 총정리

[하루 인사]
Hello 안녕하십니까. * 아무 때나 사용한다.
Good morning 안녕하십니까./안녕히 계[가]십시오. * 오전 인사
Good afternoon 안녕하십니까./안녕히 계[가]십시오. * 오후 인사
Good evening 안녕하십니까./안녕히 계[가]십시오. * 저녁 인사

[처음 만났을 때 하는 인사]
Nice to meet you. 처음 뵙겠습니다.
It's a pleasure to meet you. 뵙게 되어 영광입니다.
I've heard a lot of you. 말씀은 많이 들었습니다.

[지인에게 하는 인사]
What's new? 잘 지내지?
I haven't seen you for a long time. 오랜만이네요.
It's nice to see you again. 다시 만나서 기쁘다.

[헤어질 때 하는 인사]
Good night. 안녕히 계[가]십시오./안녕히 주무십시오.
  * 밤에 하는 작별 인사 또는 자기 전의 인사
Good bye. 안녕히 계[가]십시오.
See you. 또 봐.
Take care. 몸 조심해. * 주로 헤어질 때 사용한다.
Have a nice day. 하루 즐겁게 보내세요.
Say hello to~. ~(사람)에게 안부 전해주시오.

Lennon-McCartney

Sgt. Pepper's Lonely Hearts Club Band(Reprise)

철자는 같고, 발음은 다른 말들

이 곡은 앨범 첫 번째 노래의 반복(reprise)이다. reprise에는 '(음악의) 반복/재현' 이외에 '(토지 등의) 연간 필요 경비'라는 뜻이 있고, '리프라이즈[ripráiz]' 혹은 '리프리즈[rəprí:z]'로 발음한다. 아예 '반복을 뜻하는 명사 reprise는 리프리즈로 발음한다.'고 명시한 사전도 많다.

이처럼 철자는 같은데 발음에 따라 뜻이 달라지는 단어들은 다음과 같다.

minute	[mínit] 분/초고	[mainjú:t] 상세한
tear	[tiər] 눈물	[tɛər] 찢다
close	[klouz] 닫다	[klous] 가까운
bow	[bau] 경례	[bou] 활
wind	[wind] 바람	[waind] (태엽 등을) 감다
lead	[li:d] 이끌다	[led] 납
bass	[beis] (악기) 베이스	[bæs] (어류) 배스/농어

Lennon-McCartney

A Day In The Life

day의 의미들

'인생의 하루'라는 제목의 노래다.
day에는 '하루' 이외에 '낮/주간/날씨/(인생의) 전성기/생애/시대' 같은 뜻이 있다.

I usually work during the day.
보통 낮에 일을 합니다.
It's such a nice day today.
오늘 정말로 날씨가 좋다.
She was a famous actress in her day.
전성기(한창 젊을 때)의 그녀는 유명한 여배우였습니다.
This car has seen better days.
이 차는 잘 달릴 때도 있었다. = 이 차도 오래되었다.
His days are numbered.
살아갈 날이 셀 수 있을 정도밖에 남지 않았다. = 여생이 얼마 남지 않았다.
In those days, life was less stressful.
당시는 지금보다 스트레스가 없는 나날을 보냈다.

15th SINGLE　　　　　　　　　　　　　　　　　　**1967.7.7.**

Lennon-McCartney

All You Need Is Love

필요한 모든 것은 = ~만 있으면 족하다

주어는 all you need까지며, 이 곡의 제목은 'Love is all you need.'로 바꿔 쓸 수도 있다(실제로 가사에 그렇게 나온다).
존 레논의 노래 「Give Peace A Chance」에서 반복되는 가사 "All we are saying is give peace a chance."도 같은 형태의 문장이다. 이 문장은 해석하면 '한 번이라도 좋으니까 평화를 시험해봐. 우리가 말하고 있는 건 그것뿐이야.'라는 뜻이다.
all you need is는 '필요한 모든 것'이란 뜻이다. 바꿔 말하면 '~만 있으면 족하다'가 되어, 노래 제목은 '사랑만 있으면 돼.'라고 번역된다.

All you need is a little courage.
앞으로 필요한 것은 아주 작은 용기뿐입니다.

That is all you need to know.
알고 있어야 하는 것은 그뿐이다.

제목에서 you는 특정한 사람이 아니라 일반인을 가리킨다.

You never know what will happen.
무엇이 일어나는지 아무도 모른다.
You learn something new every day.
누구나 매일 뭔가 새로운 것을 배운다.
This is an all-you-can-eat place.
여기는 먹고 싶은 대로 먹을 수 있는 곳이다.

Baby You're A Rich Man

Lennon-McCartney

부자를 나타내는 말

baby는 애정을 나타내는 호칭의 하나다. 부자를 가리키는 말은 rich man 이외에도 다양하다.

　　millionaire 백만장자
　　billionaire 억만장자
　　wealthy person 자산가
　　person of great/extreme wealth 대부호
　　Who is the wealthiest person in the world?
　　세계 제일의 부자는 누구?

rich에는 '향기가 좋은/짙은/깊이 있는'이란 뜻도 있다.

I like rich wine.
깊은 맛이 있는 와인을 좋아합니다.
He greeted me in a rich voice.
그는 깊이가 있는 목소리로 인사를 해주었습니다.
She was wearing rich red lipstick.
그녀는 진홍색 립스틱을 발랐습니다.

「Baby You're A Rich Man」은 '베이비, 당신은 부자다.'라는 뜻이다.

16th SINGLE　　　　　　　　　　　　　　1967.11.24.

Lennon-McCartney

Hello Goodbye

각종 반의어들

'헬로 굿바이'라는 제목의 이 곡은 가사에 반의어가 나열되어 있다.

　　hello ↔ goodbye
　　yes ↔ no
　　stop ↔ go
　　high ↔ low

영어로 반의어는 antonym, 동의어는 synonym이다.

What is the antonym for always?
'언제나'의 반의어는?
Pleasant is a synonym for happy.
'유쾌한'과 '즐거운'은 동의어다.

그럼, 다음 단어의 반의어는 무엇일까? (정답은 한 가지 예시일 뿐이며 다른 말도 있다.)

1. beautiful   2. tight   3. true   4. public   5. deep
6. wrong   7. empty   8. vacant   9. negative   10. love

[정답]
1. ugly   2. loose   3. false   4. private   5. shallow
6. right   7. full   8. occupied   9. positive   10. hate

I Am The Walrus

Lennon-McCartney

『거울나라의 앨리스』 캐릭터들의 등장

walrus는 바다코끼리를 가리키는데, 대표적인 바다짐승으로는 sea elephant (코끼리 바다표범), sea lion(강치), seal(물개) 등이 있다.
steller's sea lion(바다사자), otaria(물개)는 강치과이고 귓바퀴가 있어서 eared seal로 불린다. walrus는 바다코끼리과이고, harbor seal(바다표범)이나 elephant seal(코끼리 물범)은 바다표범과인데, 이런 동물들은 귓구멍은 있으나 귓바퀴가 없다.
'나는 바다코끼리'라는 제목의 이 곡은 가사가 초현실적이며 머리에 떠오른 이미지를 그대로 표현한 것 같은 느낌이 든다. 존 레논은 가사 중에 '바다코끼리'나 '에그맨(험프티 덤프티)' 등, 루이스 캐럴의 『거울나라의 앨리스』에 나오는 캐릭터를 등장시키고 있다.

9th ALBUM 1967.11.27.

MAGICAL MYSTERY TOUR

『Magical Mystery Tour』는 본래 동명 영화의 사운드 트랙 앨범이다. 영국에서는 6곡을 수록한 두 장짜리 EP가 발매되었고, 미국에서는 이 6곡을 A면, 앞서 싱글로 발표한 5곡을 B면으로 하여 앨범이 발매되었다. 지금은 이 미국 음반을 영국에서 수입하여 발매한 날짜에 의거해서 아홉 번째 오리지널 앨범으로 인정하고 있다.

1. Magical Mystery Tour
2. The Fool On The Hill
3. Flying
4. Blue Jay Way
5. Your Mother Should Know
6. I Am The walrus
7. Hello Goobye
8. Strawberry Fields Forever
9. Penny Lane
10. Baby You're A Rich Man
11. All You Need Is Love

Magical Mystery Tour

Lennon-McCartney

마법과 관련된 말들

magical은 '마법의/이상한/매혹적인'이란 뜻의 형용사다.

> He seems to have some kind of magical power.
> 그에게는 이상한 힘이 있는 것 같다.

'마법처럼/순식간에/거짓말처럼'이라고 말할 때는 like magic이라고 한다.

> The medicine worked like magic.
> 그 약은 마법처럼 (신기할 정도로) 효과가 있었다.
> The elevator door opened like magic.
> 엘리베이터 문이 마법처럼 열렸다.

magic은 명사로서 '마법/마술'이나 '기술奇術/요술'을 의미하기도 하고, 형용사로서 '마법의'라는 뜻으로 쓰이기도 한다. 다음과 같은 말에서는 magical이 아니라 magic을 사용한다.

> 요술 지팡이 magic wand 　　마법의 주문 magic spell
> 마법의 거울 magic mirror 　　마법 융단 magic carpet

마녀는 witch, 마법사는 wizard, 기술사는 magician이라고 한다.
「Magical Mystery Tour」는 '불가사의한 미스터리 투어'라는 뜻이다. 이 곡은 시작부터 "Roll up(자아, 어서 오세요)!"이라는 말로 신비로운 미스터리 투어에 참가하라며 손짓한다.

The Fool On The Hill

Lennon-McCartney

fool이 사용된 숙어

명사 fool은 '바보/어리석은 놈'이란 뜻으로, 노래 제목은 '언덕 위의 바보'라고 해석된다.
fool이 들어가 있는 숙어를 소개하면 다음과 같다.

>   Everyone made a fool of him.
>   모두가 그를 업신여겼다.
>   He made a fool of himself.
>   그는 (바보짓을 해서) 창피를 당했다.
>   I'm nobody's fool.
>   나는 그렇게 쉽게 속지 않는다.
>   A fool and his money are soon parted.
>   바보에게 돈을 갖게 만들면 (속아서) 금방 써버린다. * 속담
>   A fool laughs when others laugh.
>   바보는 다른 사람이 웃으면 자기도 웃는다. = 남이 하는 대로 덮어놓고 따라 하다. * 속담

hill은 600미터가 넘지 않는 작은 산을, 복수형 hills는 구릉 지대를 가리킨다. 지형과 관련된 단어를 소개하면 다음과 같다.

>   mountain 산   mountains 산맥
>   cliff 낭떠러지   valley 골짜기
>   plateau 고원/대지   meadow 초원/목초지
>   prairie 대초원   plain 평원/평야
>   bank 둑/제방   delta 삼각주
>   peninsula 반도

Flying

Lennon-McCartney-Harrison-Starkey

flying의 여러 의미들

flying은 홀로 쓰일 때는 '비행'을 뜻하는 동명사, I'm과 같은 주어가 생략되어 있다면 '날고 있다'라는 뜻의 동사(현재진행형)가 된다. 또 flying은 형용사로 사용할 수도 있다.

[명사]
She is afraid of flying.
그녀는 비행기 타는 것을 두려워한다. = 비행기 공포증입니다.
Flying is safer than driving a car.
차보다도 비행기로 이동하는 쪽이 더 안전합니다.

[동사]
Sea gulls are flying in the sky.
갈매기가 하늘을 날고 있다.
Her hair was flying in the wind.
그녀의 머리칼이 바람에 나부꼈다.

[형용사]
Have you ever seen a flying saucer?
비행접시를 본 적이 있습니까?
My wife and I made a flying trip to London.
아내와 나는 둘이서 런던으로 짧은 여행을 갔습니다.

「Flying」은 비틀즈가 공식적으로 발표한 213곡 중에서 유일하게 가사가 없는 연주곡이다. 비틀즈 멤버 네 사람이 함께 만든 노래는 이 곡과 「Dig It」, 오직 2곡이다.

Blue Jay Way

새 이름의 야구 구단

Blue Jay Way, 즉 블루 제이 웨이는 로스앤젤레스 근교의 주택지에 실제로 존재하는 거리 이름이다.

blue jay는 '큰어치'라는 푸른 빛깔의 새다. 이는 미국 프로야구 메이저리그(MLB)에서 아메리칸 리그에 속한 토론토 블루 제이스Toronto Blue Jayes의 구단명이기도 하다.

MLB에는 새 이름을 붙인 구단이 더 있다.

> **Batimore Orioles** * 오리올: (북미산) 찌르레기
> **Saint Louis Cardinals** * 카디널: 홍관조

일본 프로야구 구단과 한국 프로야구 구단에도 있다.

> **Softbank Hawks** * 호크: 매
> **Yakult Swallows** * 스왈로: 제비
> **Rakuten Golden Eagles** * 골든 이글: 검독수리
> **Hanwa Eagels** * 이글스: 독수리

1967년 당시, 조지 해리슨은 로스앤젤레스 블루 제이 웨이에 있는 집을 빌린 적이 있는데, 그때 '친구들이 길을 잃어버렸네. 나는 블루 제이 웨이에 앉아서 기다리고 있어.'라는 내용의 노래를 만들었다.

Your Mother Should Know

Lennon-McCartney

조동사 should

조동사 should에는 '~해야 한다/~하는 것이 당연하다/~했어야 하는데/~할 것이다' 등의 뜻이 있다.

> You should always drive carefully.
> 항상 안전운전을 명심해야 한다.
> I think you should apologize to her.
> 그녀에게 사과하는 게 좋을 것 같다.
> He should be home by now.
> 그는 지금쯤은 집에 돌아와 있을 것이다.

should have~는 '~했으면 좋았을 텐데(그런데 하지 않았다)'라는 뜻이 된다.

> I should have brought my umbrella.
> 우산을 갖다주면 좋았을 텐데(그런데 갖고 오지 않았다).
> I should have said yes.
> '예스'라고 말하면 좋았을 텐데(그런데 말하지 않았다).
> You shouldn't have trusted that man.
> 당신은 저런 남자를 믿지 말아야 했다(그런데 믿어버렸다).

「Your Mother Should Know」는 '당신 어머님이라면 알고 계실 거다.'라고 해석할 수 있으며, 이 곡은 '노래에 맞춰 춤을 추자. 꽤 오래된 노래이지만 당신 어머님이라면 알고 계실 거야.'라는 내용을 담고 있다.

I Am The Walrus (→ p. 157)
Hello Goodbye (→ p. 156)
Strawberry Fields Forever (→ p. 140)
Penny Lane (→ p. 140)
Baby You're A Rich Man (→ p. 155)
All You Need Is Love (→ p. 154)

1968

3/15　17th Single
LADY MADONNA/THE INNER LIGHT

8/30　18th Single
HEY JUDE/REVOLUTION

11/22 10th Album
THE BEATLES

1968년의 비틀즈

17th SINGLE   1968.3.15.

Lennon-McCartney

Lady Madonna

lady와 Lady의 차이점

lady는 '귀부인/숙녀/기품 있는 여성'이나 '부인/여성'의 뜻으로 사용된다.

> He offered his seat to an old lady on the train.
> 그는 기차에서 노부인에게 자리를 양보했다.
> Please show this lady to the door.
> 이 여성을 현관/출구까지 안내해주세요.

대문자 Lady는 영국 귀족의 부인이나 딸에게 쓰는 경칭이다.

> Do you know the legend of Lady Godiva?
> 고다이버 백작부인의 전설을 아십니까?
> Lady Chatterly's Lover is a novel by D.H. Lawrence.
> 『채털리 부인의 사랑』은 D.H. 로렌스의 소설입니다.

우리는 흔히 '레이디 퍼스트'라고 말하지만, 영어에서는 상대가 혼자라도 ladies first라는 복수형을 쓴다.
이 곡은 가난한 싱글맘인 레이디 마돈나가 바쁘게 아이들을 보살피는 모습을 묘사하고 있다.

Harrison

The Inner Light

정관사 the의 발음 규칙

정관사 the는 뒤에 이어지는 단어가 자음으로 시작되는 경우는 '더[ðə]', 모음으로 시작되는 경우는 '디[ði]'로 발음된다. 그래서 the cat이라면 '더 캣', the eye라면 '디 아이'라고 한다.

the 다음에 철자가 모음자 'a, e, i, o, u'로 시작되는 단어가 나오는 경우가 아니라 모음으로 발음이 시작되는 단어가 나오는 경우다. 예를 들어 The United States의 the는 United가 모음으로 발음이 시작되는 단어가 아니기 때문에 '더'라고 발음된다. [wʌn]으로 발음하는 one의 앞에 있는 the도 역시 '더'로 발음된다. 한편 hour는 자음자로 시작되지만 [auər]로 읽기 때문에, 앞에 붙는 the는 '디'가 된다.

「The Inner Light」는 '내면의 빛'이란 뜻으로, 이 제목에서도 짐작할 수 있듯이 가사는 추상적인 내용이다.

18th SINGLE   1968.8.30.

Lennon-McCartney

Hey Jude

주드는 누구인가?

주드Jude는 남성 이름인 Judd나 Judah, 여성 이름인 Judith의 별칭으로 사용된다. 이 곡은 폴이 존의 아들 줄리안을 위해 만들었고, 맨 처음의 제목은 「Hey Jules」였다. 줄스Jules는 줄리안Julian의 별칭이다. 그런데 사생활이 지나치게 반영되었다는 생각에 줄스를 주드로 바꿨다고 한다.

「Hey Jude」의 가사에는 연애 이야기가 약간 들어 있으나, 전체적으로 '이봐 주드, 슬퍼하지 마. 너는 해야 할 일이 있어. 그것은 너밖에 할 수 없어. 그녀의 마음을 붙잡으면 앞으로 나아갈 수 있을 거야.'라며 주드를 격려하는 내용을 담고 있다.

Revolution

Lennon-McCartney

존 레논이 생각하는 혁명

revolution에는 '혁명/개혁/회전/(계절 등의) 순환'의 뜻이 있다.

> **The French Revolution began in 1789.**
> 프랑스 혁명은 1789년에 시작되었다.

미국의 제3대 대통령, 토머스 제퍼슨Thomas Jefferson의 명언에도 revolution이 등장한다.

> **Every generation needs a new revolution.**
> 모든 세대가 새로운 혁명을 필요로 한다.

이런 속담도 있다.

> **Revolutions are not made with rose-water.**
> 혁명은 향수로는 이룰 수 없다. = 혁명은 보통 수단으로는 달성할 수 없다.

존은 이 곡에서 '누구나 세상을 바꾸고 싶어하지. 하지만 그게 파괴면 나는 거절할 거야. 중요한 것은 마음을 자유롭게 하는 것일 거야.'라고 노래한다.

10th ALBUM 1968.11.22.

THE BEATLES

비틀즈의 열 번째 앨범에는 하얀 재킷에 'THE BEATLES'라는 단어 이외는 아무것도 쓰여 있지 않아 '화이트 앨범'이라고 불린다. LP 레코드에는 일련번호가 매겨져 있다.

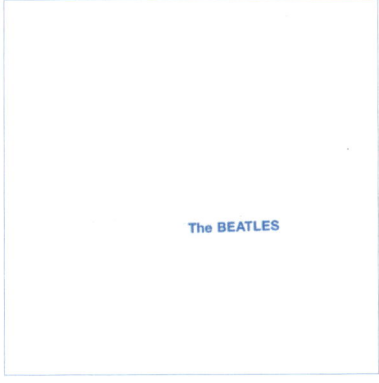

DISC1

1. Back In The U.S.S.R.
2. Dear Prudence
3. Glass Onion
4. Ob-La-Di, Ob-La-Da
5. Wild Honey Pie
6. The Continuing Story Of Bungalow Bill
7. While My Guitar Gently Weeps
8. Happiness is A Warm Gun
9. Martha My Dear
10. I'm So Tired
11. Blackbird
12. Piggies
13. Rocky Raccoon
14. Don't Pass Me By
15. Why Don't We Do It In The Road?
16. I Will
17. Julia

DISC2

1. Birthday
2. Yer Blues
3. Mother Nature's Son
4. Everybody's Got Something To Hide Except Me And My Monkey
5. Sexy Sadie
6. Helter Skelter
7. Long, Long, Long
8. Revolution 1
9. Honey Pie
10. Savoy Truffle
11. Cry Baby Cry
12. Revolution 9
13. Good Night

Back In The U.S.S.R.

Lennon-McCartney

back in과 back to의 차이는?

'주어+be동사+back+in~'은 '~으로 돌아와서 현재 거기에 있다'라는 뜻이다. 이 곡의 가사에는 back in 앞에 I'm이 들어 있어, 노래 제목을 해석하면 '(나는) U.S.S.R.에 돌아왔다.'라는 뜻이다.

> She is back in Tokyo.
> 그녀는 도쿄에 돌아왔다.
> He is back in school
> 그는 학교에 돌아왔다.

'어? 돌아오다는 back to 아닌가?'라고 생각하는 사람이 있을지 모른다. '돌아오다'라는 뜻으로 back to를 사용할 때는 그 앞에 be동사가 아니라 come, go, fly, walk, run 등 움직임을 나타내는 동사가 온다.

> She came back to Tokyo.
> 그녀는 도쿄에 돌아왔다.
> He went back to school.
> 그는 학교에 돌아왔다.
> I walked back to my hotel.
> 나는 걸어서 호텔로 돌아왔다.
> He is coming back to work soon.
> 그는 곧 직장으로 돌아왔다.

U.S.S.R.은 Union of Soviet Socialist Republics(소비에트 사회주의 공화국 연방)의 약칭이다. 통칭은 Soviet Union(소비에트 연방), 즉 소련을 뜻한다. 로마어 표기의 약칭은 CCCP이다. 1922년부터 1991년까지 존재한 마르크스 레닌주의 국가로 현재는 연방국이 독립하여 대체로 러시아로 대표된다. 소비에트는 러시아어로 평의회를 뜻한다.

Dear Prudence

Lennon-McCartney

보통명사 prudence

'내 사랑 프루던스'라는 뜻의 이 곡은 여배우 미아 패로의 여동생인 프루던스 패로에게 바친 노래다.
보통명사 prudence에는 '현명함/사려 깊음' 등과 같은 뜻이 있다. '현명한/사려 깊은'이란 뜻의 형용사는 prudent이다.

> Fear is one part of prudence.
> 불안은 사려 분별의 일부다. * 속담
> He is a prudent man.
> 그는 현명한/신중한 사람이다.

Glass Onion

Lennon-McCartney

유리 양파란 무엇인가?

이 곡의 제목을 직역하면 '유리 양파'인데 실제로 그런 것은 없다. 존 레논은 시계 등을 수리할 때 한쪽 눈에 끼우는 안경을 그렇게 부른 것일까. 어쨌든 이 곡은 유리 양파를 통해서 본 세계를 묘사하고 있다.
glass를 사용한 표현 가운데 glass ceiling, 즉 유리 천장이 있다. 이는 조직 내에 있는 소수파(특히 여성)의 승진을 방해하는 눈에 보이지 않는 장벽을 가리킨다.

> Women and minorities find it hard to break through the glass ceiling.
> 여성과 소수자 집단은 유리 천장을 돌파하는 것이 어렵다고 느낀다.

glass라는 말이 들어 있는 속담도 있다.

People who live in glass houses shouldn't throw stones.
유리 집에 사는 사람들은 돌을 던져서는 안 된다. = 정강이에 상처가 있는 사람은 무턱대고 다른 사람을 비난해서는 안 된다. = 흙탕물을 치면 얼굴로 튄다.

그럼 여기에서 양파와 관련된 퀴즈를 내보겠다. 다음에 나오는 채소를 영어로 맞혀보자.

1. 오이　　　 2. 가지　　　 3. 시금치　　　 4. 당근
5. 양배추　　 6. 감자　　　 7. 피망　　　　 8. 오크라

[정답]
1. cucumber　　2. eggplant　　3. spinach　　4. carrot
5. cabbage　　　6. potato　　　7. green pepper　8. okra

Ob-La-Di, Ob-La-Da

Lennon-McCartney

'오브-라-디, 오브-라-다'란 무엇인가?

「Ob-La-Di, Ob-La-Da」라는 제목은 폴 매카트니가 알고 지내던 사람(나이지리아인)의 입버릇에서 비롯되었는데, 나이지리아의 민족어인 요루바어로 '인생은 계속된다.'는 뜻이라고 한다.

노래에는 "ob-la-di, ob-la-da, life goes on."이라는 가사가 있다. Life goes on은 '(괴로운 일도 있지만) 그래도 인생은 계속된다.'는 뜻이다.

Wild Honey Pie

Lennon-McCartney

wild의 의미들

honey pie는 honey처럼 애정을 나타내는 호칭으로, 노래 제목은 '와일드한 허니 파이'로 풀이할 수 있다.
wild에는 '(동물이) 야생의/길들지 않은' 이외에 '(토지 등이) 경작되지 않은/불모의, (사람 등이) 야만의, (날씨 등이) 거친/사나운, (계획 등이) 무모한'과 같은 뜻이 있다.

> They are trying to save wild animals.
> 그들은 야생동물을 구하려고 노력하고 있다.
> The wind was wild and the sea was rough.
> 바람은 세차게 불었고 바다는 거칠었다.
> He is a young man with wild ambitions.
> 그는 야망을 품은 젊은이입니다.
> I know it's a wild idea, but I think it will work.
> 현실과 동떨어진 생각이라는 느낌은 들지만, 잘될 것 같은 생각이 든다.
> He looked at me with wild eyes.
> 그는 광기에 찬 눈으로 나를 보았다.

The Continuing Story Of Bungalow Bill

Lennon-McCartney

버펄로 빌을 흉내 낸 이름

continuing story는 '그 후의 이야기'를 가리키는 말로, 노래 제목은 '방갈로 빌 이야기의 속편'이란 뜻이다.

Bungalow Bill은 미국 서부 개척 시대의 버펄로 사냥꾼이던 윌리엄 프레더릭 코디의 별명 Buffalo Bill을 흉내 낸 이름이다. 버펄로 빌은 철도 노동자들에게 고기를 공급하기 위해 1년 반 만에 4,282마리의 버펄로를 쏘아 죽여 영웅이 된 사람이다.

bungalow를 우리는 방갈로라고 읽는다. 하지만 우리가 방갈로라고 부르는 캠프장 시설은 영어로 hut이다. 영미권에서 bungalow는 '단층의 목조 주택'이나 '(여름에 사용하는) 별장'을 가리킨다.

153

While My Guitar Gently Weeps

| Harrison

while과 during의 차이점

'~의 사이에'라는 뜻을 나타내는 단어에는 while과 during이 있다. 그중 while(접속사)은 바로 뒤에 문장(주어+동사)이, during(전치사)은 뒤에 명사나 명사구가 이어진다.

> I visited the British Museum <u>while</u> I stayed in London.
> I visited the British Museum <u>during</u> my stay in London.
> 런던에 머물고 있는 동안에 대영박물관에 갔습니다.
> My son fell asleep <u>while</u> I was driving.
> 아들은 내가 운전하고 있는 사이에 잠이 들었다.
> He fell asleep <u>during</u> class.
> 그는 수업 중에 잠이 들었다.

단 while을 사용한 복문에서 주절과 종속절의 주어가 같으면 while 바로 뒤에 있는 '주어+ be동사'를 생략할 수 있기 때문에, 동명사가 이어질 때가 있다. during 뒤에는 동명사가 나오지 않는다.

> I fell asleep <u>while</u> I was watching TV.

I fell asleep while watching TV.
I fell asleep during watching TV. ※ 이 문장은 잘못된 문장이다.
텔레비전을 보고 있는 사이에 잠들어버렸습니다.
Make hay while the sun shines.
해가 비치는 동안에 건초를 만들어라. = 좋은 기회를 놓치지 마라. * 속담

'울다'를 뜻하는 단어들은 다음과 같다.

weep 하염없이 울다   cry 소리를 내어 울다
sob 흐느껴 울다   whimper 훌쩍훌쩍 울다
snivel 코를 훌쩍거리며 울다   bawl 울부짖다
wail 울부짖다 * wailing wall: 예루살렘에 있는 '통곡의 벽'

노래 제목은 '내 기타가 조용히 울고 있는 사이에'라는 뜻이다.

154

Happiness Is A Warm Gun

Lennon-McCartney

따뜻한 총이 의미하는 것은?

스누피가 주인공인 친숙한 만화 「피너츠Peanuts」의 그림책 제목이 『Happiness Is A Warm Puppy(행복이란 따뜻한 강아지)』인데 여기에서 이 곡의 제목이 왔다. 'Happiness is…'는 「피너츠」에 자주 등장하는 문구의 하나다. is 다음에는 가족, 가장 좋아하는 친구들과 계속 함께 있는 것, 금요일, 서로 바싹 달라 붙는 것, 포근한 담요 등 마음을 누그러지게 하는 말이 들어간다.

Happiness is a state of mind.
행복이란 마음의 상태를 말한다. * 월트 디즈니의 명언

이 곡에 나오는 warm gun은 '발포한 지 얼마 되지 않아 열이 남아 있는 총'을 가리키는데, 성적인 의미가 있다고도 한다. 노래 제목을 직역하면 '행복은 발사 직후의 권총'이란 뜻이다.

155

Martha My Dear

Lennon-McCartney

dear에 대하여

노래 제목에 있는 dear는 편지 등의 첫머리에 사용되는 형용사 '친애하는'이 아니라 '중요한 사람'이란 뜻의 명사다. '마사'라는 이름을 부르고 난 다음에 '내게 중요한 사람'이란 말을 덧붙이고 있다.
만약 dear를 형용사로 사용한다면 어순이 my dear Martha(내게 중요한 마사)가 되어야 한다. 다음은 dear가 형용사로 사용된 사례들이다.

> He is one of my dear friends.
> 그는 내 중요한 친구 중의 한 사람입니다.
> Elementary, my dear Watson.
> 아주 기초적인 것이지, 나의 친애하는 왓슨.

바로 위의 문장은 셜록 홈즈의 유명한 말인데, 실은 코난 도일의 원작에는 없고 작품이 무대에 올랐을 때 만들어진 대사라고 한다.
덧붙여 말하면 Dear John letter는 이별 편지를 뜻한다.

> He got a Dear John letter from his girlfriend.
> 그는 애인한테서 이별 편지를 받았다.

노래 제목은 '마사, 내가 사랑하는 이'라는 뜻이다. 마사는 폴 매카트니가 기르던 올드 잉글리시 시프도그라는 품종의 애완견 이름이다.

I'm So Tired

Lennon-McCartney

'지치다'라는 뜻의 말들

노래 제목은 '나는 완전히 지쳤다.'라고 풀이된다.
tired의 동의어에는 exhausted, worn out, drained, fatigued 등이 있다.

> I'm worn out.
> 난 너무 지쳐 있다.
> You look drained.
> 아주 피곤한 얼굴을 하고 있네.
> He is fatigued.
> 그는 아주 지쳤다.

'be tired of~'는 '~에 넌더리를 내다'는 뜻이다.

> She is tired of waiting.
> 그녀는 기다리는 것을 몹시 싫어한다.
> I'm tired of his jokes.
> 그의 농담에 넌더리가 난다.

Blackbird

Lennon-McCartney

주변의 새 이름들

blackbird는 유럽에서는 지빠귀, 북미에서는 찌르레기를 가리킨다.
「Blue Jay Way」에서 설명한 cardinal(홍관조)은 redbird라고도 한다. bluebird

는 파랑새이고, 자수나 카드의 디자인에 많이 사용되는 lovebird는 잉꼬를 가리킨다.

그러면 다음 새들의 영어 이름은 뭘까?

1. 갈매기   2. 꿩   3. 두루미   4. 까마귀   5. 참새
6. 공작   7. 올빼미   8. 수탉   9. 암탉   10. 극락조

[정답]
1. gull   2. pheasant   3. crane   4. crow   5. sparrow
6. peacock   7. owl   8. rooster   9. hen   10. bird of paradise

영국 리버풀에서는 속어로 여성을 bird라고 하는데, 폴 매카트니는 이 곡이 인권 문제로 괴로워하는 흑인 여성에게 바치는 노래라고 밝혔다.

158

Piggies

Harrison

복수형 만드는 법

piggies는 새끼 돼지를 뜻하는 piggy의 복수형이다. 복수형을 만드는 몇 가지 규칙이 있다.

- s를 붙인다. dogs, cats 등 대부분은 이와 같은 형태로 쓴다.
- s, ss, sh, ch, o, x로 끝나는 명사에는 -es를 붙인다. classes, dishes, watches, benches, boxes 등.
- 자음자+y로 끝나는 명사는 맨 끝의 y를 i로 바꾸고 -es를 붙인다. stories, babies, butterflies 등.
- 자음자+o로 끝나는 명사는 -es를 붙인다. heroes, tomatoes 등.
   * pianos, photos 등과 같이 예외도 있다.
- f, fe로 끝나는 명사는 맨 끝의 f, fe를 v로 바꾸고 -es를 붙인다. leaves, wolves, knives 등.   * roofs, safes 등의 예외도 있다.

명사를 복수형으로 만드는 규칙은 대개 이 정도이며, 불규칙하게 변화하는 명사는 기억하는 수밖에 없다.

 man → men woman → women tooth → teeth foot → feet

단수와 복수가 같은 단어도 있는데 대부분이 동물이다.

 sheep, deer, cattle

-ese로 끝나는 명사도 단수와 복수가 같다.

 Japanese, Chinese, Vietnamese

pig는 살찐 사람들을 경멸하여 부르는 말로도 쓰이는데 바로 이 곡이 그런 경우다. 사랑스러운 곡조이지만 가사가 아주 신랄하다.
덧붙여 말하면, 「곰돌이 푸」의 절친한 친구 Piglet(피글렛)도 piggy와 마찬가지로 새끼 돼지라는 뜻이다.

159

Rocky Raccoon

Lennon-McCartney

미국너구리와 관련된 노래?

보통명사 raccoon은 미국너구리이나, 이 곡에 나오는 Rocky Raccoon은 젊은 남성의 이름이다. 자기 여자를 댄이라는 남자에게 빼앗긴 로키 래쿤은 댄과 결투를 벌이지만 오히려 총에 맞는다는 등의 넌센스한 내용이 노래에 담겨 있다.
동물 raccoon에 대해 덧붙이면, 너구리는 raccoon dog(래쿤 도그), 오소리는 badger(배저)라고 부른다. TV 만화영화 「미국너구리 라스칼」의 주인공 라스칼 Rascal의 이름은 '장난꾸러기/악당'이라는 뜻이다.

Don't Pass Me By

Starkey

pass by~와 pass ~ by의 차이점

pass by~는 '~의 옆을 지나가다', pass ~ by는 '~을 무시하다/(들러보지 않고) 그대로 지나치다'는 뜻이다. 이 곡 「Don't Pass Me By」는 '나를 무시하지 말아줘.'라고 풀이할 수 있다.

> I passed by a park with a fountain.
> 분수가 있는 공원 옆을 지나갔습니다.
> We passed by your house yesterday.
> 어제 당신의 집 옆을 지나갔습니다.
> I don't want you to pass me by.
> 나를 무시하지 않기를 바란다.
> He just passed me by.
> 그는 (내게 눈길도 주지 않고) 그대로 지나쳤습니다.
> Don't let this opportunity pass you by.
> 이런 기회를 그냥 지나치지 마라. = 모처럼의 기회를 놓치지 마라.

한편 passer-by(복수형은 passers-by)는 통행인을 의미한다.

Why Don't We Do It In The Road?

Lennon-McCartney

'~하자'라는 권유 표현

Why don't we~는 '왜 ~하지 않는가?'가 아니라 Let's와 마찬가지로 '~하자'라고 상대방에게 뭔가를 권유할 때에 사용하는 표현이다. 따라서 「Why Don't We Do

It In The Road?」는 '도로에서 하자.'는 뜻이다.

Why don't we go for a drink after work?
일 끝나면 한잔하러 가자.
Why don't we have lunch together tomorrow?
내일은 함께 점심 식사나 하자.
Why don't we take a vote?
다수결로 하자.

in the road는 '길 위에서'라는 뜻으로, on the road가 일반적이지만 on 대신 in 도 사용한다.

He parked his car in the road.
그는 노상에 주차했습니다.

I Will

Lennon-McCartney

의지가 담긴 미래를 나타내는 will

노래 제목에 들어 있는 will은 '~일(할) 것이다'라는 단순한 미래가 아니라, I'll be back처럼 '~할 작정이다/반드시 ~하다'라는 의지가 담긴 미래를 나타낸다.

I will do my best.
최선을 다하겠습니다.
I will help you when you need help.
도움이 필요할 때는 반드시 힘이 되겠습니다.
I will get in touch with you as soon as possible.
가능한 한 빨리 연락하겠습니다.

I will never forget your kindness.
친절은 결코 잊지 않겠습니다.

「I Will」은 '반드시 ~하다'라는 뜻으로, '나는 당신을 계속 기다릴 거야. 당신이 원한다면 반드시 그렇게 할 거야.'라는 내용을 담은 노래다.

163

Lennon-McCartney

Julia

줄리아와 줄리안의 관계

Julia는 Julius(줄리어스)에서 유래한 여성 이름이다. Julius는 고대로마의 장군 Julius Caesar(영어로는 줄리어스 시저, 라틴어로는 율리우스 카이사르로 발음)를 가리키는데, Julia(라틴어 발음은 율리아)는 시저의 딸이다. Julie(줄리)나 Juliet(줄리엣) 등의 별칭이 있다.
Julius에서 유래한 남성 이름은 Julian(줄리안)이고, 별칭은 Jule(줄)/Jules(줄스)이다.
Julia는 이 곡을 만든 존 레논의 어머니 이름이고, Julian은 존의 아들이다.
가사에는 'Julia, ocean child'라는 대목이 나온다. 여기서 ocean child(바다의 아이)는 요코洋子를 가리킨다.

164

Lennon-McCartney

Birthday

기념일을 표현하는 말들

birth는 '탄생'이라는 뜻의 명사다.

Congratulations on the birth of your daughter.
따님의 탄생을 축하드립니다.
The Birth of Venus is a painting by Sandro Botticelli.
「비너스의 탄생」은 산드로 보티첼리의 작품입니다.

'기념일'은 anniversary, commemoration day, memorial day라고 한다.

They celebrated their wedding anniversary last week.
그들은 지난주 결혼기념일을 축하했습니다.
August 15th is the anniversary of the end of World War II.
8월 15일은 종전 기념일입니다.
August 16th is the anniversary of Elvis Presley's death.
8월 16일은 엘비스 프레슬리의 기일입니다.
There are many memorial days in Japan.
일본에는 많은 기념일이 있습니다.

Memorial Day라고 대문자로 표기하면 5월의 마지막 일요일로 정해져 있는 '(미국의) 전몰장병 추도 기념일'을 가리킨다.

165

Yer Blues

Lennon-McCartney

yer는 your의 속어

yer는 your의 속어 또는 방언으로 보통의 문장이나 회화에서는 사용하지 않는다. 노래 가사에 나오는 ain't는 am not, is not, are not, have not, has not 의 단축형이다. 다이애나 로스Diana Ross의 히트곡 「Ain't No Mountain High Enough」나 반 헤일런Van Halen의 히트곡 「Ain't Talking Bout Love」 등 노래 제목이나 가사, 영화나 소설의 대사에서 자주 사용된다. 다만 그다지 고상한 느낌은 들지 않는다.

You ain't seen nothing yet.
당신은 아직 아무것도 보지 않은 거야. = 진짜는 지금부터야.
I ain't gonna give up.
나는 절대로 포기하지 않아.

blues는 미국 남부 미시시피 주에서 탄생한 음악이다.
「Yer Blues」는 '당신의 블루스'라는 뜻으로, 이 곡은 '난 외로워. 이젠 죽어버리고 싶어.'라며 우울한 기분을 표현하고 있다.

166

Mother Nature's Son

Lennon-McCartney

mother가 사용된 표현

Mother Nature는 '어머니 같은 자연'이란 뜻이다. 이처럼 mother가 들어간 말을 살펴보면 다음과 같다.

　　Mother Earth 어머니 같은 대지
　　mother(mama)'s boy 응석꾸러기/마마보이
　　mother language(tongue) 모국어
　　mother image 전형적인 어머니 상像

　　Never underestimate Mother Nature's power.
　　어머니 같은 자연의 위력을 얕보지 마라.
　　My husband is a mother's boy.
　　내 남편은 마마보이입니다.
　　Is Japanese your mother language?
　　일본어가 모국어입니까?

mother를 사용한 말도 알아보자.

natural/biological mother 생모
surrogate mother 대리모
mother-in-law 시어머니/장모
stepmother 의붓어머니
adoptive mother 의붓어머니
foster mother 유모

Mother Nature에는 속어로 '마리화나'라는 뜻도 있으나, 「Mother Nature's Son」은 시골에서 보내는 한가한 시간을 그린 노래다.

167

Lennon-McCartney

Everybody's Got Something To Hide Except Me And My Monkey

My Monkey란 누구인가?

'something+to+동사'는 '~(하는) 무언가'라는 뜻이다.

> I have something to say to you.
> 당신에게 말하고 싶은 것이 있습니다.
> She finally found something to live for.
> 그녀는 마침내 사는 보람을 찾았습니다.
> For most children, summer vacation is something to look forward to.
> 대부분의 어린이들은 여름방학을 즐거운 마음으로 기다린다.

'모두 ~을 갖고 있다'라는 뜻의 everybody's got은 everybody has got의 단축형으로 현재완료형이 아니다. 또한 got 없이 has만으로도 같은 뜻이 된다.

> I've got five dollars. = I have five dollars.
> 5달러를 갖고 있어.

I've got nothing to lose. = I have nothing to lose.
잃을 게 하나도 없다.

「Everybody's Got Something To Hide Except Me And My Monkey」는 비틀즈의 노래 중 제목이 가장 길다. '나와 내 원숭이 이외에는 모두 뭔가를 숨기고 있다.'라는 뜻이다. 당시 요코는 원숭이 같다고 놀림을 받은 적이 있는데, 존 레논은 이를 소재로 노래를 만들었다.

168

Sexy Sadie

Lennon-McCartney

sexy에는 '멋있다'는 뜻도 있다

Sadie는 Sara, Sarah라는 여성 이름의 별칭이며, '세이디[séidi]'라고 발음한다. 「Sexy Sadie」는 '섹시한 세이디'라는 의미다.
노래 제목의 뜻풀이와는 관계가 없으나 sadie가 들어간 말 가운데 유명한 것은 sadie-maisie(세이디-메이지)라는 속어로 'SM(사드마조히즘)'을 뜻한다. 영어로는 프랑스 소설가 마르키 드 사드 Marquis de Sade에서 유래한 sadism(사디즘)을 '세이디즘[séidizəm]', sadist(사디스트)를 '세이디스트[séidist]', 오스트리아의 소설가 레오폴트 폰 자허마조흐 Leopold von Sacher-Masoch에서 유래한 masochism(마조히즘)을 '매서키즘[mǽsəkızəm]', masochist(마조히스트)를 '매서키스트[mǽzəkist]'라고 발음한다.
sexy는 '성적 매력이 있는' 이외에 '멋있는'이란 뜻으로도 사용된다.

> She stared at him with sexy eyes.
> 그녀는 농염한 눈길로 그를 응시했다.
> That's a sexy car.
> 저 차, 멋지네.

Helter Skelter

Lennon-McCartney

'미끄럼틀'에서 '허둥지둥'

helter skelter는 명사라면 '나선식 미끄럼틀', 부사라면 '허둥지둥/난잡하게'라는 뜻이다.

> Don't load your dishwasher in a helter-skelter manner.
> 식기세척기에 (유리컵이나 접시를) 아무렇게 집어넣지 마라.
> They all ran helter-skelter down the stairs when the fire alarm went off.
> 화재경보기가 울리자, 모두 허둥지둥 계단을 뛰어서 내려갔다.

이 노래의 끝에서 링고 스타가 "I've got blisters on my fingers!"라고 외치는데, 이는 격렬하게 드럼을 치느라 혼신의 힘을 다 쏟은 링고가 "손가락에 물집이 잡혔어!"라고 엄살을 떠는 소리다.

Long, Long, Long

Harrison

당신을 찾아내기까지 오랜 시간이 걸렸다

long은 거리나 시간이 '길다'는 뜻이다.

> [시간을 나타내는 long]
> I haven't seen you for a long time.
> 오래간만이네요.

How long are you going to stay?
언제까지 머무십니까?
My computer takes a long time to start up.
내 컴퓨터는 기동할 때까지 시간이 오래 걸립니다.
How long does it take to get there on foot?
걸어서 거기에 가려면 얼마나 걸립니까?

[거리를 나타내는 long]
This is a story about a long-distance relationship.
이것은 장거리 연애에 관한 이야기입니다.
You've come a long way, baby.
여성들이여, 참 먼 길을 오셨군요. * 여성용 담배 '버지니아 슬림'의 1960년대 CM송 가운데 한 구절로 페미니즘의 슬로건으로 사용되었다.

long은 동사로 쓰이기도 하는데, 이때는 '간절히 바라다/몹시 그리워하다'라는 뜻이다.

I long for the carefree days of my childhood.
걱정 없던 어린 시절이 그립다.
He longed to return home.
그는 집에 돌아갈 수 있는 날을 애타게 기다렸다.

「Long, Long, Long」은 말 그대로 '길다, 길다, 길다.'라는 뜻으로, '당신을 찾기까지 정말로 아주 오랜 시간이 걸렸다.'는 내용의 노래다.

171

Revolution 1

Lennon-McCartney

revolution의 동사와 형용사는?

revolution이란 명사는 자주 듣는 말인데, 다른 품사는 어떨까?

동사는 '정치 혁명 운동을 하다'라는 뜻의 revolute, 형용사는 '혁명의/혁명적인'을 뜻하는 revolutionary, 혁명가는 revolutionist이다.

The Industrial Revolution began in England.
산업 혁명은 영국에서 시작되었다.
The American Revolutionary War ended in 1783.
미국 독립 전쟁은 1783년에 끝났다.

이 곡의 가사는 싱글「Revolution」과 같다.

172

Honey Pie

Lennon-McCartney

사랑하는 사람에 대한 호칭

honey pie는 애정을 나타내는 호칭의 하나로, 여성과 남성에게 모두 사용된다. 이렇게 남녀 양쪽에 쓰이는 호칭에는 다음과 같은 말이 있다.

- sweet-heart 당신/자기
- dream 완벽한 사람
- precious 매우 소중한 사람
- sunshine 행복하게 해주는 사람
- beautiful 아름다운 사람
- gorgeous 아주 멋진 사람
- baby 베이비

남성을 친숙한 느낌으로 부르는 호칭에는 다음과 같은 말이 있다.

- Casanova 카사노바 * 이탈리아의 유명한 엽색꾼
- Don Juan 돈 주앙 * 스페인의 전설적인 방탕 귀족
- cowboy 카우보이
- handsome 잘생긴 남자
- stud 호색한
- hunk 멋진 남자

Prince Charming 완벽한 남자 * 이상적인 신랑/남성
sheik 매력적인 남자 * 아라비아의 족장

173

Savoy Truffle

Harrison

dessert, sweets, dolce의 차이점

Savoy는 런던에 있는 고급 호텔, truffle은 초콜릿 과자 '트러플'을 가리킨다. 코코아를 묻힌 둥근 초콜릿을 그렇게 부르게 된 것은 세계 3대 진미 중의 하나인 트러플(송로버섯)과 모양이 비슷하기 때문이라고 한다.
「Savoy Truffle」은 사보이 호텔에서 판매하던 초콜릿이라는 뜻의 제목이며, 이 곡은 과자와 관련된 내용을 담고 있다.
그러면 디저트dessert, 스위츠sweets, 돌체dolce의 차이는 뭘까?
디저트는 식사할 때 맨 나중에 나오는 과일이나 케이크를, 스위츠는 캔디나 쿠키 등의 단 과자를 말한다. 돌체는 본래 이탈리아어로 달달한 과자류를 총칭한다.

174

Cry Baby Cry

Lennon-McCartney

『마더 구스』의 영향을 받은 노래

「Cry Baby Cry」란 노래 제목은 『마더 구스Mother Goose』의 한 구절에서 유래되었다.

> Cry, baby, cry,
> Put your finger in your eye,
> And tell your mother it wasn't I.

울어라, 아가야, 울어라,
손가락으로 눈을 찔러라,
그리고 네가 한 것이 아니라고, 엄마에게 말하렴.

『마더 구스』는 영어 전래 동요의 총칭으로, 영국이나 미국의 어린이라면 누구나 다 알고 있다. 예를 들면 다음과 같은 것이 있다.

「London Bridge Is Falling Down(런던 다리가 무너져요)」
「Pussy Cat, Pussy Cat(고양이, 고양이)」
「Mary Had A Little Lamb(메리에겐 작은 양 한 마리가 있었지)」
「Monday's Child(월요일에 태어난 아기)」
「Humpty Dumpty(험프티 덤프티)」

『마더 구스』는 루이스 캐럴의 『이상한 나라의 앨리스』를 비롯해 여러 작품에 인용되었다. 「Cry Baby Cry」도 존 레논이 『마더 구스』의 영향을 받아 만든 동요 같은 노래다.
이 곡의 후반부에 폴 매카트니가 부른 「Can You Take Me Back?(본래 있던 곳으로 데려다줄 수 있니?)」라는 노래가 이어지나, 이 곡에는 정식으로 제목을 붙이지 않았다.

175

Lennon-McCartney

Revolution 9

혁명가의 명언

이 노래를 들으면, 쿠바의 혁명 영웅 체 게바라Che Guevara를 떠올리는 사람도 적지 않을 것이다. 존 레논은 그를 세계에서 가장 멋진 남자라고 평했다.
체 게바라의 명언을 소개한다(원문은 스페인어로 되어 있다).

The revolution is not an apple that falls when it is ripe. You have

to make it drop.
혁명은 다 익은 사과가 나무에서 떨어지는 것과는 다르다. 자기 손으로 나무에서 떨어뜨려야 한다.
In a revolution, one triumphs or dies(if it is a true revolution).
혁명에서는 승리 아니면 죽음의 길밖엔 없다(그것이 진정한 혁명이라면).
　* one은 사람
I know you have come to kill me. Shoot, coward. You are only going to kill a man.
네가 나를 죽이려고 왔음을 안다. 쏴라, 이 겁쟁이야. 너는 그저 한 사람을 죽일 뿐이다.　* 게바라가 마지막으로 남긴 말로 알려져 있다.

176

Good Night

Lennon-McCartney

자기 전에 사용되는 관용어

잠자기 전에 하는 인사말 중에 인상적인 것이 있다. 존 어빙의 소설 『사이더 하우스The Cider House Rules』에서 고아원의 라치 원장이 아이들에게 해주던 말이다.
"Goodnight you princes of Maine, you kings of New England(잘 자거라. 메인 주의 왕자들, 그리고 뉴 잉글랜드의 왕들이여)."
자기 전에 쓰는 관용적 표현들은 다음과 같다.

　　Sleep tight. 푹 자.
　　Sleep well. 잘 자.
　　Have a nice dream. 좋은 꿈 꿔.
　　Sweet dreams! 좋은 꿈 꿔!
　　Don't let the bedbugs bite.
　　벌레에 물리지 마. = 푹 자.　* bedbug: 빈대

두 장짜리 음반에 모두 30곡이 수록된 화이트 앨범은 "Everybody, everywhere… Good night."라는 링고의 속삭임으로 끝난다.

1969

1/17　11th Album
YELLOW SUMARINE

4/11　19th Single
GET BACK/DON'T LET ME DOWN

5/30　20th Single
THE BALLAD OF JOHN AND YOKO/OLD BROWN SHOE

9/26　12th Album
ABBEY ROAD

10/31 21th Single
SOMETHING/COME TOGETHER

1969년의 비틀즈

11th ALBUM   **1969.1.17.**

YELLOW SUBMARINE

1	Yellow Submarine	8	Sea Of Time
2	Only A Northern Song	9	Sea Of Holes
3	All Together Now	10	Sea Of Monsters
4	Hey Bulldog	11	March Of The Meanies
5	It's All Too Much	12	Pepperland Laid Waste
6	All You Need Is Love	13	Yellow Submarine in Pepperland
7	Pepperland		

* 7~13은 조지 마틴의 작품으로 그의 오케스트라가 연주함.

Yellow Submarine (→ p. 121)

Only A Northern Song

Harrison

조지가 불만을 털어놓은 노래

only가 포함되는 표현 중에 '유일한/최고의/둘도 없는/진짜의'를 뜻하는 one and only가 있는데, 이는 「Sgt. Pepper's Lonely Hearts Club Band」의 가사에서 빌리 시어스를 소개하는 장면에 쓰였다.

> **So let me introduce to you, the one and only Billy Shears.**
> 자, 이제 불세출의 가수, 빌리 시어스를 소개해드리겠습니다.

보통은 다음과 같이 사용한다.

> **She is my one and only friend.**
> 그녀는 둘도 없는 친구입니다.
> **He is the one and only superstar.**
> 그야말로 진정한 슈퍼스타입니다.

「Only A Northern Song」을 직역하면 '그저 북부 지방의 노래'다. 그런데 실은 비틀즈의 노래를 관리하는 회사의 이름이 Northern Songs(노던 송즈)였다. 존과 폴은 이 회사의 주주였으나, 이 곡을 만든 조지는 단순히 계약을 맺은 작곡자였다. 그래서 노래를 만들더라도 관리 회사만 돈 벌게 해줄 뿐이라고 불만을 털어놓고 있다.

All Together Now

Lennon-McCartney

all together와 altogether의 차이점

all together now는 '자, 모두 다 함께'라는 뜻으로, "(뭔가를) 모두 함께하자." 고 외칠 때 사용하는 말이다.

영어에는 every day(매일)와 everyday(일상), some time(잠시)과 sometime(언 젠가) 등과 같이 발음과 철자가 모두 같더라도 단어 간 띄어쓰기에 따라 뜻이 달라지는 경우가 있다.

all together와 altogether도 소리를 내어 말할 때는 차이가 없으나, 한 단어인 altogether는 '완전히/전체적으로'라는 뜻의 부사로, not과 함께 쓰면 '완전히 ~ 하는 것은 아니다'라는 부분 부정의 표현이 된다.

all together와 altogether가 어떻게 쓰이는지 예시를 통해 살펴보자.

> Let's go <u>all together</u>.
> 모두 함께 가자.
> The family lived <u>all together</u>.
> 가족은 모두 함께 살았습니다.
> Keep your notes <u>all together</u>.
> 메모는 하나로 묶어두세요.
> The baby stopped crying <u>altogether</u>.
> 아기는 완전히 울음을 그쳤다.
> <u>Altogether</u>, I'm happy with the result.
> 전체적으로 봐서 결과에 만족합니다.
> It is not <u>altogether</u> hopeless.
> 희망이 완전히 없어진 것은 아니다. = 아직 희망이 있다.

Hey Bulldog

Lennon-McCartney

동물의 의인화 표현

bulldog는 bullbaiting(황소 괴롭히기)을 위해 영국에서 품종이 개량된 개인데, 비유적으로 '완강한 사람/융통성이 없는 사람'을 가리키기도 한다. bulldog clip은 영국에서 '강력한 종이집게(더블 클립)'을 말한다.
dog는 때로 '폐품/지겨운 놈/추녀' 같은 뜻의 속어로 사용된다.
의인화하는 데에 쓰이는 여러 동물을 소개하면 다음과 같다.

bull	황소 = 힘 센 사람/무신경하고 공격적인 사람
cat	고양이 = 심술궂은 여자/일부러 악의적인 소문을 퍼뜨리는 여자
chick	병아리 = 젊은 여자
rooster	수탉 = 시건방진 사람/우쭐대는 사람
hen	암탉 = 쓸데없이 참견하는 (중년의) 여자/수다스러운 여자
dinosaur	공룡 = 시대에 뒤떨어진 사람
duck	오리 = 잘 속는 사람/괴짜
fox	여우 = 교활한 사람/섹시한 여자
peacock	공작 = 우쭐대는 사람/허세꾼
rat	쥐 = 밀고자/배신자
sheep	양 = 순종적인 사람/마음이 약한 사람
snake	뱀 = 마음 놓을 수 없는 사람
fish	물고기 = 잘 속는 사람/멍청이
tiger	호랑이 = 기운이 좋은 사람/마구 뽐내는 사람
weasel	족제비 = 비겁한 사람/스파이
lion	사자 = 용맹한 사람/실력자/명사/인기인

It's All Too Much

Harrison

all의 용법

all too~는 '너무나도~'라는 뜻이다. too만 써도 같은 뜻이지만, all을 붙이면 표현이 더욱 강조된다.

> It's all too obvious.
> 너무나도 속 들여다보인다.
> That phrase is all too common.
> 그 말은 너무나도 일반적이다. = 항상 듣는다.
> This sight was all too familiar to him.
> 그는 이런 광경을 싫증이 나도록 보았다.

all에는 다음과 같은 용법도 있다.

> I'm all ears.
> 열심히 귀를 기울이겠습니다. = 어서 들려주세요.
> He was all smiles when he heard the good news.
> 기쁜 소식을 듣고, 그는 만면에 웃음을 띠었다.
> I'm all thumbs when it comes to wrapping presents.
> 선물을 포장할 때는 손가락이 모두 엄지손가락이 된다. = 손재주가 없어 포장이 서투르다.

「It's All Too Much」는 '꼭 그런 건 아니지만 ~할 수 없다'라는 뜻이다. '당신의 사랑은 너무나 대단해서 완전히 받아들일 수가 없다.'라는 것이 주요 내용이다.

All You Need Is Love (→ p. 154)

19th SINGLE 1969.4.11.

Lennon-McCartney

Get Back

get back, come back, go back의 차이점

get back은 '돌아와'라는 뜻인데, 비슷한 표현으로 come back과 go back이 있다. 어떻게 다른지 알아보자.

Get back. (본래 있던 곳으로) 돌아오세요.

'본래 있던 곳'이란 말하는 사람이 있는 장소이거나 말하는 사람이 있는 곳과는 다른 장소일 가능성이 있다.

Come back. (여기로) 돌아오세요.

'여기'는 말하는 사람이 있는 장소다.

Go back. (본래 있던 곳으로) 돌아가세요.

'본래 있던 곳'은 말하는 사람이 있는 곳과는 다른 장소다.
이같이 come back과 go back이 돌아오라는 곳은 각각 다른 장소이지만, get back은 come back과 go back의 양쪽 의미로 사용할 수 있다.
get을 사용한 간단한 표현을 소개하면 다음과 같다.

Get up.	일어나세요.
Get down!	엎드려!/내려!
Get in.	들어오세요.
Get off.	내리세요.
Get out.	나가./그럴 리가.
(Do you) get it?	알겠니?
I got it.	알았어.

Got you. 잡았다.

Let's get together sometime. 조만간 한번 만납시다.

Let's get going. 자, 시작하자./출발하자.

'get+과거분사'는 '~상태가 되다/~되다'는 뜻이다.

I got married last month.
지난달에 결혼했습니다.
He got hit by a car.
그는 차에 치였습니다.
He got drunk.
그는 몹시 취했다.

182

Don't Let Me Down

Lennon-McCartney

let ~ down = disappoint

let ~ down은 '~을 실망시키다'라는 뜻으로, disappoint~처럼 사용할 수 있다.

He couldn't let his parents down.
그는 부모님을 실망시킬 수 없었다.
He let her down by failing to return her call.
그는 회신 전화를 하지 않아 그녀를 실망시켰다.
Don't let yourself down.
자기 자신을 실망시켜서는 안 돼. = 실망하지 마.

「Don't Let Me Down」은 '나를 실망시키지 말아줘.'라는 뜻으로, 이 곡은 사랑하는 사람에게 자신의 마음을 표현한 노래다.

20th SINGLE   1969.5.30.

183

The Ballad Of John And Yoko

Lennon-McCartney

ballad와 ballade의 차이점

ballad는 중세 말기 무렵에 영국이나 아일랜드에서 유행한, 잘 알려진 이야기를 담은 감상적인 노래를 가리키며 '밸러드[bǽləd]'라고 발음한다.

밸라드[bælá:d]로 발음하는 ballade라는 말도 있는데, 이는 프랑스어가 어원으로 시詩의 한 형태인 발라드, 혹은 서사적인 가곡인 담시곡譚詩曲이라는 뜻이다.

「The Ballad Of John And Yoko」는 존과 요코가 미디어에 쫓기면서 허니문 여행을 다니는 모습을 그렸다. 가사에는 Southampton(사우샘프턴), Holland(네덜란드), France(프랑스), Paris(파리), Seine(센), Gibraltar(지브롤터), Spain(스페인), Amsterdam(암스테르담), Vienna(빈), London(런던) 등의 지명이 나온다.

가사에 등장하는 피터 브라운은 비틀즈의 매니저이던 브라이언 엡스타인을 도와 일하다가, 엡스타인이 세상을 떠난 뒤에 실질적으로 사업을 이어받은 인물이다. 폴에게 린다 이스트먼을 소개한 것도, 존과 요코의 결혼식을 준비하고 식장에 참석한 것도 피터 브라운이었다. 1983년에는 비틀즈의 전기 『The Love You Make』를 출간했다.

184

Old Brown Shoe

Harrison

shoe를 사용한 표현

「Old Brown Shoe」는 '낡은 갈색 구두(의 한 짝)'란 뜻이다.

여기에서는 shoe(신발)와 관련된 영어 표현에 대해 설명한다. 신발을 셀 때는 한 켤레라면 a pair of shoes, 두 켤레라면 two pair of shoes가 되고, shoe는 '신발 한 짝'을 뜻한다. '신발을 신다'는 wear/put on one's shoes, '신발을 벗다'는 take off one's shoes이다.

shoe를 사용한 숙어도 있다.

I don't want to be in her shoes.
그녀의 입장이 되어 생각하고 싶지 않다.
Put yourself in my shoes.
내 입장에서 생각해줘.
At the age of thirty, he stepped into his father's shoes.
그는 서른 살 때 아버지의 후임자로 들어앉았다.
He is waiting for the other shoe to drop.
그는 (나쁜 일이 일어나는 것을) 불안한 마음으로 기다리고 있다.
Don't judge a man until you've walked a mile in his shoes.
같은 입장이 되어보지 않고, 그 사람을 판단해서는 안 된다.
= 자기 몸을 꼬집어보고 남의 아픔을 알라. * 속담

12th ALBUM　　　　　　　　　　　　　　　　　　　　1969.9.26.

ABBEY ROAD

앨범 제목은 녹음 작업을 하던 EMI 스튜디오가 위치해 있던 애비 로드의 이름을 따서 지었다. 앨범 재킷 사진도 그 자리에서 촬영되었다. abbey는 '수도원'이란 뜻인데, 이 거리의 이름은 가까이 있는 킬번 수도원과 연관이 깊다.

1	Come Together	10	Sun King
2	Something	11	Mean Mr. Mustard
3	Maxwell's Silver Hammer	12	Polythene Pam
4	Oh! Darling	13	She Came In Through The Bathroom Window
5	Octopus's Garden	14	Golden Slumbers
6	I Want You(She's So Heavy)	15	Carry That Weight
7	Here Comes The Sun	16	The End
8	Because	17	Her Majesty
9	You Never Give Me Your Money		

Come Together

Lennon-McCartney

together가 쓰인 속담

이 곡의 제목인 come together는 숙어로서 '모이다/하나가 되다/화해하다/함께 찾아오다' 등의 뜻이다.

> They came together to celebrate her parents' 50th wedding anniversary.
> 그녀 부모님의 결혼 50주년을 축하하기 위해 모두가 모였습니다.
> The team seems to be coming together well.
> 팀은 하나로 잘 뭉치는 것 같습니다.

다음과 같은 속담들도 있다.

> Birds of a feather flock together.
> 깃털이 같은 새들은 무리를 이룬다. = 유유상종(끼리끼리 모인다).
> Lions and tigers do not herd together.
> 사자와 호랑이는 무리를 이루지 않는다. = 사람이 똑똑하면 친구가 없다.
> Love and reason do not go together.
> 사랑은 이론으로는 설명할 수 없다. = 사랑이란 이성이나 상식으로 판단할 수 없는 것이다.

Something

Harrison

-thing + 수식어

something, anything, nothing, everything을 수식하는 형용사는 기본적으로 뒤에 온다.

Tell me **something interesting**.
재미있는 이야기를 들려줘.
Anything new?
(그 후) 별일 없니?
The doctor said there was **nothing wrong** with me.
의사는 내게 아무 이상이 없다고 말했습니다.
Everything old was torm down.
오래된 것은 모두 헐렸다.

something을 사용한 이런 속담도 있다.

Something is better than nothing.
조금이라도 있는 것이 없는 것보다도 낫다.

서양에는 신부가 결혼식에서 몸에 지니고 있으면 행복해질 수 있다고 여겨지는 물건이 있다. 다음도 동요 「마더 구스」의 한 구절이다.

something old, something new, something borrowed, something blue, and a silver sixpence in her shoe.
오래된 물건, 새로운 물건, 빌려온 물건, 파란색 물건, 그리고 구두 속에 6펜스 은화.

「Something」은 '무언가'라는 뜻으로, '그녀의 몸짓에는 나를 사로잡는 무언가가 있다.'라는 내용을 담은 노래다. 조지 해리슨이 만든 노래이며 비틀즈 싱글의 A면(다른 쪽은 「Come Together」로 두 곡 모두 A면임)으로 발표되어 빌보드 차트 1위를 기록했다.

Maxwell's Silver Hammer

Lennon-McCartney

소유격 만드는 법

사람이나 동물 뒤에 일반적으로 소유격 부호인 '와 s를 붙이면, '아무개의 것'이란 뜻이 된다. 소유격을 만드는 자세한 방법은 다음과 같다.

- s로 끝나는 단어는 '+s로 소유격을 만든다. Santa Claus's가 그 사례다. 비틀즈 노래 가운데 「Octopus's Garden」의 octopus's는 octopus의 소유격이다.
- s가 붙은 복수형의 단어는 girls' school(여학교)처럼 s 뒤에 '만을 붙인다.
- 천체는 생물이 아니지만 위와 같은 방법으로 소유격을 만들 수 있다. Saturn's rings(토성의 고리)처럼 말이다. 이에 비해 building은 the location of the building처럼 of를 사용해 소유격을 만든다.

또 여자끼리의 수다는 girl talk, 남자끼리의 수다는 guy talk라고 한다. 걸즈 토크(girls' talk)는 엉터리 영어다.

「Maxwell's Silver Hammer」는 밝고 경쾌한 멜로디이지만, 가사는 엽기적이다. 의대생인 맥스웰 에디슨이 여학생, 여교수, 재판관 등 세 사람의 머리를 은(색) 망치로 때려서 차례로 살해한다는 내용이다. 주인공 맥스웰 에디슨은 영국의 이론물리학자 제임스 클라크 맥스웰과 미국의 발명왕 토머스 에디슨을 조합한 이름이라고 한다.

Oh! Darling

Lennon-McCartney

감탄사의 뜻

darling은 honey와 마찬가지로 애정을 나타내는 호칭이다. oh!는 감동, 놀람, 부름, 외침 등을 나타내는 감탄사다. 다양한 감탄사를 살펴보자.

Aha.	아하./과연.
Awesome!	멋지네!
Boy!	에?/진짜야?
Brrr….	춥다….
Eek!	아이쿠!
Gee.	아이고./체!/저런. * 놀람, 실망, 기쁨을 나타낸다.
Hey!	이봐!/잠깐!
Humph.	흥.
Oh!	오오!
Oh.	과연./정말.
Oh-oh	어라./이런.
Ouch!	아야!/잘못했네!
Oops!	아뿔싸!/이런!
Phew.	아이고./쳇.
Psst.	잠깐. * 가만히 상대방의 주의를 끌 때 사용한다.
Shh.	쉬잇. * 조용히 하라고 할 때 사용한다.
Shit.	제기랄./빌어먹을.
Shoo.	훠이. * 쫓아버릴 때 사용한다.
Ta-dah!	짜잔!
Tut-tut.	쯔쯧. * 혀를 차는 소리이다.
Ugh!	우!/와! * 혐오, 공포 등을 나타내는 표현이다.
Yay!	좋아!
Yuck!	왝!
Wow!	야아!

Octopus's Garden

Starkey

oct는 '8'이라는 뜻

'낙지의 정원'이란 제목으로, 링고 스타가 '바다 밑으로 가고 싶다. 낙지 정원으로.'라며 노래한다.

그리스어에서 octo는 '8', pus/pous는 '다리'를 뜻하기 때문에 다리가 여덟 개인 낙지를 octopus라고 부르게 되었다고 한다.

수를 나타내는 합성어에는 여러 가지가 있는데, 여기에서는 라틴어와 그리스어 각각에서 유래한 1~10과 100을 나타내는 합성어와 수를 나타내는 합성어가 붙는 단어를 소개한다.

1. **uni, mono, solo**
   unicorn(일각수) uniform(동일한) unison(일치)
   monogamy(일부일처제) monologue(독백/혼자 하는 연극)

2. **bi, duo**
   bicylcle(자전거) binocular(쌍안경) duo(이중주)

3. **tri**
   triangle(3각형) tricycle(삼륜차)

4. **tetra, quad**
   tetrapod(테트라포드) quadruplet(네 쌍둥이 중의 한 사람)

5. **penta, quint, quin**
   pentagon(5각형) quintet(5중주)

6. **sex, hex, hexa**
   sextet(6중주단) hexagon(6각형)

7   hepta, sept
    heptagon(7각형)   September(9월)

8   octa, oct
    octagon(8각형)   octave(옥타브)   October(10월)

9   nona, nov
    nonagon(9각형)   November(11월)

10 deca, dec
    decade(10년간)   December(12월)

100 cent, hect
    centimeter(1미터의 100분의 1 = 1센티미터)
    centipede(지네)   hectopascal(헥토파스칼)

kilo는 1,000, HDD의 용량 등으로 친숙한 giga는 10억, tera는 1조를 나타낸다. September에서 December까지 어원과 현재의 의미가 2개월씩 어긋나 있는 것은, 로마력에서 1년의 시작이 (그레고리력의) 1월이 아니라 3월이었기 때문이었다고 한다. 7월과 8월에 대해서는 몇 가지 설이 있다. 그중 July는 줄리어스 시저의 이름을 그가 태어난 달에 붙인 것이고, August는 로마제국의 초대 황제 아우구스투스의 이름을 그가 집정관에 오른 달, 혹은 전쟁에서 대승을 거둔 달에 붙인 것이라는 설이 유력하다.

190

I Want You(She's So Heavy)

Lennon-McCartney

so, very, too의 용법

so는 뒤에 이어지는 형용사나 부사를 강조하는 단어로 very나 too와 아주 비슷

하지만 용법은 약간 다르다.

so 말하고 있는 상대방과 감정을 서로 나누어 갖는 경우
very 사실을 객관적으로 말하는 경우
too '너무 ~하여 ~할 수 없다'라는 의미로 말하는 경우

I'm so excited.
I'm very excited.
I'm too excited.

모두 '너무 흥분하다.'라는 뜻이지만, so를 사용하는 경우는 '알아주시겠지요?'라는 숨은 뜻이 느껴진다. too를 사용하면 '그래서 ~할 수 없다'라는 감정이 상대방에게 전해진다. 이 둘의 차이는 so ~ that, too ~ to의 형태로 바꿔보면 이해가 쉽다.

I'm so excited (that) my heart is pounding.
흥분해서 가슴이 두근거린다.
I'm too excited to sleep.
흥분해서 잠을 잘 수가 없다.

부제에 있는 heavy는 sexy(섹시한)이나 awesome(멋진)이라는 뜻으로 사용된 것 같다. 영화 「백 투 더 퓨처 Back To The Future」 시리즈에서도 주인공 마티가 heavy를 '멋있는', 장면에 따라서는 '심각한'이란 뜻으로 사용했다.
「I Want You(She's So Heavy)」는 '당신을 원해(그녀는 멋지다).'라는 뜻이다.

191

Here Comes The Sun

Harrison

상대방의 주의를 끌 때 사용하는 here

here comes~는 '자, ~이 다가오다'라는 뜻으로, 「Here Comes The Sun」은 '태

양이 다가온다.'고 번역된다.

here는 상대방의 주의를 환기하기 위한 부사이며 '이봐 (여기에)'라는 뜻이다. come 뒤에는 사람이나 동물, 탈 것 등과 같이 움직이는 것이 이어진다. 다만 주어가 대명사일 때는 주어와 동사의 위치가 바뀐다.

Here comes Paul.	이봐, 폴이 온다.
Here he comes.	이봐, 그가 온다.
Here comes the bus.	이봐, 버스가 온다.
Here it comes.	(그것이) 온다.

리하르트 바그너의 유명한 가극 「로엔그린Lohengrin」에 등장하는 결혼 행진곡은 일반적으로 「Here Comes The Bride」라고 불린다.

192

Lennon-McCartney

Because

접속사 because의 용법

because는 접속사로 원인이나 이유를 말할 때 사용한다. 이유는 앞에 나올 수도 있고 뒤에 나올 수도 있다.

I couldn't call you because my cell(phone) ran out of battery.
전화할 수 없었던 것은 휴대전화 배터리가 다 되었기 때문이었다.
Because the snow was coming down hard, I couldn't see the traffic sign.
눈이 심하게 내린 탓에 교통 표지판이 보이지 않았다.

'because(부사)+of+명사/명사구'의 형태일 때는 because of를 due to와 바꿀 수 있다.

The flight was cancelled because of/due to bad weather.
그 비행기는 날씨가 나빠서 취소되었다.

193

You Never Give Me Your Money

Lennon-McCartney

never가 사용된 관용어

never는 '지금까지 한 번도 ~없다/언제나 ~없다'는 뜻이다.

> I've never been to Paris.
> 파리에는 한 번도 간 적이 없다.
> I'll never let you go.
> 평생 당신을 놓아주지 않을 거다.
> I never felt so happy.
> 이렇게 행복하게 느꼈던 적이 없다.
> Now or never.
> 지금 놓치면 영원히 할 수 없다. = 지금밖에 없다.

저스틴 비버의 노래나 다큐멘터리 영화의 제목이기도 한 「Never say never」는 '할 수 없다는 말 따윈 하지 마./포기해서는 안 돼./가능성이 있다.'는 뜻이다. never를 사용한 관용어는 다음과 같다.

> Better late than never.
> 늦더라도 하지 않는 것보다는 낫다.
> It is never too late to learn.
> 배움에는 늦음이 없다.

연설의 명수였던 존 F. 케네디 미국 대통령의 명언 중에도 never가 사용된 유명한 말이 있다.

We need men who can dream of things that never were.
우리에겐 지금까지 없었던 것을 꿈꿀 수 있는 사람들이 필요하다.

「You Never Give Me Your Money」는 '당신은 내게 돈을 주지 않는다.'는 뜻이다.

194

Lennon-McCartney

Sun King

태양왕은 누구인가?

Sun King(태양왕)이란 17~18세기 프랑스 브루봉 왕조의 최전성기를 구축한 루이 14세를 가리킨다. 발레를 좋아해 태양신 아폴로로 분장하고 춤을 추었다고 해서 태양왕으로 불리게 되었다는 설이 있다.
앞에 sun이 붙는 말을 소개하면 다음과 같다.

Sunday 일요일   sunrise 일출   sunset 일몰
sunshine 햇빛/명랑한 사람   sunlight 일광
sunburn (화상을 일으킬 정도로) 볕에 탐
suntan (건강에 좋을 정도로) 볕에 그을음   sunbathe 일광욕을 하다
sunfish 개복치   sunflower 해바라기

또 Sunkist(선키스트)라는 유명 음료 브랜드명은 sun-kissed(햇볕을 쬔)에서 철자를 바꾼 것이라고 한다.
이 곡은 후반에 영어가 아닌 가사가 이어지는데, 이는 스페인어 단어를 아무렇게 늘어놓은 것으로 특별한 의미는 없다. 존 레논은 정말 재미있는 사람이다.

195

Mean Mr. Mustard

Lennon-McCartney

머스터드는 사람이다

형용사 mean에는 '비열한/심술궂은/인색한'과 같은 뜻이 있다.
노래 제목은 '비열한 머스터드 씨'라는 의미다.

> She is a mean person.
> 그녀는 심술궂은 사람입니다.

이 노래에서 mustard는 사람이지만, 보통명사라면 '겨자'를 가리킨다. 한편 케첩이나 마요네즈는 철자가 어려운데 각각 ketchup, mayonnaise라고 쓴다.

196

Polythene Pam

Lennon-McCartney

플라스틱에도 여러 가지가 있다

polythene(폴리신)은 '폴리에틸렌'을 가리키는데, 미국에서는 polyethene이라고 표기한다.
플라스틱의 종류에는 이외에도 다양하다.

> polypropylene 폴리프로필렌
> polystyrene 폴리스티렌
> polyamide 폴리아미드
> polycarbonate 폴리카보네이트

각각의 앞에 붙어 있는 poly는 그리스어로 '많은'이라는 뜻인데, 예를 들어 여러 언어에 능통한 사람을 polyglot(multilingual이라고도 함), 4음절 이상의 다음 절어를 polysyllable이라고 한다.

Pam은 Pamela라는 여성 이름의 약칭이다. 노래 제목은 '폴리에틸렌 (옷을 입은) 팸'이란 뜻이다. 어느 날 존 레논 앞에 폴리에틸렌 자루를 입은 여성이 나타났는데, 존이 그날의 이야기에 자신의 상상력을 덧붙여 만든 노래다.

197
She Came In Through The Bathroom Window

Lennon-McCartney

우리말과 의미가 다른 영단어

노래 제목은 '그녀는 욕실 창문을 통해 들어왔다.'라는 뜻이다. bathroom은 대개 세면대와 화장실을 갖추고 있는 욕실을 가리키는데, 미국에서는 화장실만 있어도 bathroom이라고 한다.

이처럼 우리말에는 원어와 의미가 다르게 쓰이는 단어가 아주 많다. 다음은 그 사례들이다.

잘못된 한국식 영어	올바른 표현	기타
커닝(부정행위)	cheating	cunning(교활한/교묘한)
클레임(불평)	complaint	claim(요구하다/소유권을 주장하다)
리스트럭처하다(해고하다)	lay off	restructure(개조하다/재편성하다)
리폼(헌집 따위를 개축하거나 수리)	remodel/renovation	reform(개혁/쇄신)
핸들(자동차나 자전거의 운전대)	(steering) wheel	handle(손잡이)

또 원어에는 아예 없는 국적 불명의 외래어나 한국식 영어도 많다. 이러한 예로는 핸드폰, 파이팅, 백미러, 러브호텔, 모닝커피, 백넘버, 백댄서, 베드타운, 스카이라운지, 스킨십, 아이쇼핑, 카센터, 하이틴, 시엠송, 올드미스 등 이루 다 열거하기도 어려울 정도다.

Golden Slumbers

Lennon-McCartney

golden과 gold의 차이점

'황금 잠'이란 제목의 노래다. '잠'과 관련된 유사어는 「I'm Only Sleeping」에서 설명했으니, 여기에서는 golden과 gold의 차이를 설명하기로 한다.

gold에는 명사와 형용사가 있는데, golden에는 형용사밖에 없다. 기본적으로 '금으로 만들었다'라고 말할 때는 gold를, '황금색의'나 '황금처럼 멋진/아름다운'이란 말을 할 때는 golden을 사용한다. 다만 of gold는 '금처럼 귀중한'이란 뜻이 된다.

> He won the gold medal.
> 그는 금메달을 획득했다.
> She has a heart of gold.
> 그녀는 아름다운 마음을 가진 사람입니다.
> I saw a girl with golden hair.
> 금발의 소녀를 만났습니다.
> I think it's a golden opportunity.
> 천재일우의 기회라고 생각한다.
> Jason is a Greek mythology hero who traveled on a voyage in search of the Golden Fleece.
> 이아손은 황금 양털을 찾아서 항해를 떠났던 그리스 신화의 영웅입니다.

「Golden Slumbers」는 토머스 데커가 1603년에 발표한 자장가의 노랫말을 활용해 폴 매카트니가 만든 노래다.

Carry That Weight

Lennon-McCartney

carry the weight와 carry weight의 차이점

weight는 weigh의 명사로 여기에서는 '하중'이라는 뜻이다. 그 외에 '체중/중량/(저울의) 추/영향력/중요성' 등의 의미가 있다.
상대방의 몸무게를 물을 때 'What is your weight?'라고 말해도 틀린 것은 아니지만 'How much do you weigh?'라고 하는 것이 일반적이다.

> **He weighed the stone in his hand.**
> 그는 돌을 들고 그 무게를 재었다.
> **It felt like a huge weight lifted off my shoulders.**
> 어깨의 짐을 내려놓은 느낌이었다.

carry the weight는 '무거운 짐을 지다', the가 없는 carry weight는 '중요한 역할을 완수하다'라는 뜻이다.

> **He is a man who carries weight.**
> 그는 영향력이 있는 인물입니다.
> **His opinion carries great weight.**
> 그의 의견은 중시된다.

weight watcher는 '체중에 신경을 쓰는 사람/감량 중인 사람'을 가리킨다. 「Carry That Weight」는 '그런 무거운 짐을 지다.'라는 뜻이다.

The End

Lennon-McCartney

end의 동의어

노래 제목에 들어 있는 end는 명사이지만 동사로도 사용된다. 이때는 '끝내다'라는 의미다. 동의어로는 finish, complete, close, terminate, conclude 등이 있는데, 조금씩 의미가 다르기 때문에 구분해서 사용해야 할 경우도 있다.

> We must end the war.
> 이 전쟁을 끝내야 한다.
> I'm going to finish my homework first.
> 먼저 숙제를 해치우겠습니다.
> The building is to be completed in May.
> 건물은 5월에 완성될 예정입니다.
> Let's close the meeting now.
> 이것으로 회의를 종료합니다.
> His contract will terminate in June.
> 그의 계약은 6월에 끝난다.
> I would like to conclude my speech with a quotation from the Bible.
> 성서를 인용하여 제 얘기를 마무리하겠습니다.

terminate는 '끝내다', terminator(터미네이터)는 '종결시키는 사람'이라는 의미이다. conclude도 '끝내다'인데, conclude a contract는 '계약을 맺다'는 뜻이다.

Her Majesty

Lennon-McCartney

majesty는 '왕의 위엄'

majesty는 '왕의 위엄'이라는 뜻으로, Her Majesty The Queen(여왕 폐하), His Majesty The King(국왕 폐하), His Majesty The Emperor(황제 폐하)와 같이 왕족이나 귀족에 대한 경칭으로 쓰인다. 왕이나 여왕 본인 앞에서 '폐하'라고 부를 때는 Your Majesty라고 한다.
H.M.S.는 Her(왕일 때는 His) Majesty's Ship(영국 해군 함선)의 약칭이다. 1969년에 개봉된 영화 「여왕폐하 대작전」의 원제목은 「On Her Majesty's Secret Service」이다.
형용사는 majestic으로 '당당한'이란 뜻이다.

> Notre Dame is one of the most majestic cathedrals in the world.
> 노트르담은 세계에서 매우 위엄 있는 대성당 중의 하나다.

이 곡은 '여왕 폐하는 아주 멋진 여인. 언젠가 내 여자로 만들 거다.'라는 내용을 담고 있다.
여담인데, majesty라는 말에서 롤링 스톤스가 1967년에 발표한 앨범 『Their Satanic Majesties Request』를 떠올리는 사람도 있을 것이다. '악마의 요청'이라고 번역되는 앨범 제목은 영국 여권에 기재되어 있는 "Her Britannic Majesty's Secretary of State requests and requires in the Name of Her Majesty…(영국 여왕 폐하의 신하인 국무 대신은 여왕 폐하의 명의로 …을 요청하고 요구한다)."라는 문구를 패러디했다고 한다.
롤링 스톤스의 『Their Satanic Majesties Request』는 발표 당시에 사이키델릭한 사운드와 재킷 디자인이 같은 해에 발매된 비틀즈의 『Sgt. Pepper's Lonely Hearts Club Band』를 모방했다는 혹평을 받았다. 그렇다고는 하나 「She's A Rainbow」나 「2000 Light Years From Here」, 키스Kiss의 에이스 프렐리Ace Frehley가 커버한 「2000 Man」(에이스가 부른 노래가 단연코 좋지만)과 같은 명곡이 수록되어 있다.

21th SINGLE — **1969.10.31.**

Something (→ p. 204)
Come Together (→ p. 204)

1970

3/6　22nd Single
LET IT BE/YOU KNOW MY NAME(LOOK UP THE NUMBER)

5/8　13th Album
LET IT BE

1970년의 비틀즈

22nd SINGLE 1970.3.6.

Lennon-McCartney

Let It Be

be는 '있는 그대로'

노래 제목에 들어 있는 let은 동사, it은 대명사, be는 동사로, let it be는 '있는 그대로 내버려둬.'라는 뜻이다. be는 다른 단어로도 바꿀 수 있다.

Let it go.
놓아줘./그만두자./내버려둬./잊자.
Let it pass.
너그러이 봐주자./(차 등을) 먼저 가게 해주자.
Let it snow.
눈아, 내려라.
Let it cook for twenty minutes.
불에 올려놓은 채로 20분 조리하겠습니다.
Let me be.
내게 상관하지 말아줘. = 혼자 있게 해줘.

가사에 나오는 '마더 메리'는 폴의 어머니 메리를 가리킨다. 성모 마리아 또한 Mother Mary(Virgin)라고 표기한다.
「Let It Be」는 영국에서는 데뷔 싱글 「Love Me Do」 이후 22번째, 비틀즈의 마지막 싱글곡이었다.

You Know My Name
(Look Up The Number)

Lennon-McCartney

이름을 나타내는 단어

성은 last name, family name, surname 등이고, 이름은 first name, given name(주어진 이름), forename(성 앞에 붙는 이름) 등이다.
여성이 결혼하기 전의 성은 maiden name, 결혼한 뒤의 성은 married name 이다.
별명과 애칭은 nickname과 pet name이라 하며, 가명은 false name, assumed name, alias, pseudonym(penname이라고도 쓴다), a.k.a(also known as)라고 한다.
'악명 높은'이라는 뜻의 단어는 notorious이다.

Lester Gillis a.k.a Baby Face Nelson was one of the most notorious bank robbers in the 1930s.
베이비 페이스 넬슨, 다시 말해서 레스터 길리스는 1930년대에 아주 악명 높았던 은행 강도 중의 한 사람이다.

big name은 '대스타/유명한 사람이나 물건', first-name basis는 '서로 이름을 (성 빼고) 부르는 가까운 사이'라는 뜻이다.

We are on a first-name basis.
우리는 (서로 이름을 부를 만큼) 친한 사이다.

노래 제목 「You Know My Name(Look Up The Number)」은 '내 이름을 알고 있다면 (전화번호부를 찾아봐)'이라는 의미이다. 가공의 나이트 클럽을 무대로, 사회자 역을 맡은 존 레논과 가수 역을 맡은 폴 매카트니가 번갈아 연기를 펼친다.

13th ALBUM   1970.5.8.

LET IT BE

1 Two Of Us
2 Dig A Pony
3 Across The Universe
4 I Me Mine
5 Dig It
6 Let It Be

7 Maggie Mae
8 I've Got A Feeling
9 One After 909
10 The Long And Winding Road
11 For You Blue
12 Get Back

Two Of Us

Lennon-McCartney

존은 노래 첫머리에서 뭐라고 하는가?

two of us는 '우리 두 사람'으로 해석하면 된다. two 자리에는 여러 숫자가 와도 상관없으며, 문맥에 따라서는 '그중 몇몇'이라고 풀이된다.

> The two of us talked until midnight.
> 우리 두 사람은 한밤중까지 이야기에 열중했습니다.
> The three of us went to school in New York.
> 우리 세 사람은 뉴욕에 있는 학교에 갔습니다.
> All five of us are in good health.
> 우리는 다섯 명 모두 아주 건강합니다.
> Just the two of us were in the office.
> 사무실에 남아 있는 것은 우리 두 사람뿐입니다.
> There were ten students in my class and three of us came from Osaka.
> 학급에 학생이 열 명 있었는데, 그중(자신을 포함함) 세 사람은 오사카 출신이었습니다.

이 곡의 첫머리이자 앨범의 첫머리에는 다음과 같은 존 레논의 농담이 들어 있다.

> 'I Dig a Pygmy', by Charles Hawtrey and the Deaf Aids….
> Phase One, in which Doris gets her oats!
> 찰스 호트리와 농아 협회에 의한 『피그미에게 홀딱 반했다』.
> 제1부는 「도리스는 남자와 놀기만 한다」입니다.

205

Dig A Pony

Lennon-McCartney

dig의 의미

dig는 불규칙동사로, 과거·과거분사는 dug이다. 본래 뜻은 '(땅 따위를) 파다/(자료 등을) 조사하다'인데, 속어로 '~을 알다/~을 좋아하다/~을 즐기다'의 뜻도 있다. 노래 제목에서 dig는 '~이 마음에 들다'라는 뜻으로 사용되었다.

> I dig Van Halen.
> 나는 반 헤일런을 좋아한다.
> He really seems to dig music.
> 그는 음악을 정말로 좋아하는 것 같다.
> I dig your outfit.
> 그 의상, 좋네.

「Dig A Pony」는 '포니가 마음에 든다.'는 의미다.

206

Across The Universe

Lennon-McCartney

universe의 어원은 '모두를 하나로 하다'

universe의 어원은 uni(하나)와 verse(전환하다/변화시키다)를 조합시킨 '(모든 것을) 하나로 하다'라는 뜻의 univers 혹은 universum이다.
universe에는 '우주/만유/세계/전인류/삼라만상'과 같은 뜻이 있다.

> The universe is endless.
> 우주는 끝없이 넓다.

You're his only friend in the universe.
그에게 당신은 세상에서 단 한 사람의 친구입니다.

across에는 '~을 가로질러/~을 건너서/~을 넘어서/~의 구석구석까지'와 같은 뜻이 있다.

He walked across the lawn.
그는 잔디밭을 가로질렀다.
Italian food is popular across the world.
이탈리아 요리는 전 세계에서 인기가 있습니다.

이 곡은 가사가 추상적이며 제목인 「Across The Universe」는 '전 우주적' 혹은 '세계 중에'와 같은 의미로 해석할 수 있다. 또 가사에서 반복되는 Jai Guru Deva Om…은 '우리 도사들이여, 신에게 승리가 있기를(신에게 감사를)'이란 뜻의 산스크리트어 만트라다.

207

Harrison

I Me Mine

왜 my가 빠져 있을까?

「I Me Mine」은 '나는, 나에게, 나의 것'이란 뜻이다. 1인칭 대명사의 격변화가 그대로 제목이 된 노래인데 my만 빠져 있다. 이는 리버풀 사투리에서는 my를 me로 대용하기 때문이라는 설도 있으나 확실한 것은 알 수 없다. 에고ego에 대한 노래라고 알려져 있다.
영어에서는 인칭대명사의 격을 변화시킬 때 인칭대명사 그 자체의 형태를 바꾼다.

인칭대명사의 격변화

인칭	주격 (~은)	소유격 (~의)	목적격 (~을)	소유대명사 (~의 것)
1인칭(나)	I	my	me	mine
1인칭(우리)	we	our	us	ours
2인칭(당신/여러분)	you	your	you	yours
3인칭(그)	he	his	him	his
3인칭(그녀)	she	her	her	hers
3인칭(그것)	it	its	it	-
3인칭(그들/그것들)	they	their	them	theirs

It's all yours.
전부 당신 것입니다. = 마음껏 사용하세요.

Be mine!
내 것(연인)이 되어주세요. * 발렌타인데이 카드에 자주 쓰는 메시지

The house is not theirs anymore.
그 집은 이제 그들의 것이 아닙니다.

Never judge a book by its cover.
표지로 책 내용을 판단하지 마라. = 사람은 외관으로 판단할 수 없다. * 속담

208

Lennon-McCartney-Harrison-Starkey

Dig It

속어 dig

노래 제목에 들어 있는 dig은 속어로, cool과 마찬가지로 아프리카계 미국인이 사용하기 시작했다고 알려져 있다. 「Dig A Pony」에서 설명했듯이 속어 dig에는 '~을 이해하다/~을 좋아하다/~을 즐기다' 등의 뜻이 있다.

Do you dig what I mean?
내가 말하고 싶은 것, 알겠니?

노래의 맨 마지막에 존이 가성으로 "That was 'Can you dig it?' by Georgie Wood, and now we'd like to do Hark! The Angels Come."이라고 말한다. "조지 우드의 '알겠지?'였습니다. 다음은 「이봐! 천사가 온다」를 부르겠습니다."라는 뜻이다. 존은 'Hark! The Angels Come.'이라고 했으나, 정확하게는 「Hark! The Herald Angels Sing」이라는 제목의 성탄절 찬송가다.

Let It Be (→ p. 222)

209

Maggie Mae

Traditional Arr. Lennon-McCartney-Harrison-Starkey

Mae와 May는 발음이 같다

Maggie는 Margaret, Mae는 Mary의 별칭이다. 철자는 달라도 sundae와 Sunday의 발음이 같은 것처럼, Mae의 발음은 May와 같다. Mae와 May 모두 성姓과 여성의 이름으로 쓰인다.

> **Mae West was an American actress.**
> 메이 웨스트는 미국의 여배우였습니다.
> **Brian May is the lead guitarist of Queen.**
> 브라이언 메이는 퀸의 리드 기타리스트입니다.

이 곡은 리버풀의 선술집에서 부르던 민요로, 메기 메이는 매춘부로 알려져 있다. 그런데 로드 스튜어트의 히트곡 「메기 메이」는 「Maggie May」라고 표기한다.

I've Got A Feeling

Lennon-McCartney

I've got = I have

feeling은 '느낌/감각'이란 뜻으로 많이 사용되는데, 여기에서는 '감정/기분'이라는 의미다.

> I have a special feeling for her.
> 나는 그녀에게 특별한 감정을 품고 있습니다.
> I didn't mean to hurt her feelings.
> 그녀의 기분을 망칠 생각은 없었다.
> It was so cold I lost all feeling in my fingers.
> 너무 추워서 손가락의 감각이 없어졌다. = 손가락이 곱았다.
> No hard feelings.
> 나쁘게 생각하지 마.

I've got a feeling that~은 '(근거는 없지만) ~마음이 들다/예감이 들다'는 뜻으로 사용된다.
I've got은 I have의 격식을 차리지 않은 표현으로 현재완료는 아니다.

> I have a feeling that everything is going to work out.
> 어쩐지 무엇이든 잘 될 것 같은 예감이 든다.
> I have a feeling that someone is following me.
> 누구에겐가 미행당하고 있는 기분이 든다.
> I've got a feeling that something good is going to happen.
> 무언가 좋은 일이 있을 것 같은 느낌이 든다.

노래 제목인 「I've Got A Feeling」은 '무언가(어떤 감정)를 품고 있다.'고 해석하면 된다. 이 곡은 폴과 존이 각자 만든 노래를 하나로 합친 것인데, 후반부는 두 사람이 두 곡을 겹쳐서 부른다.

One After 909

Lennon-McCartney

숫자 읽는 법

영어는 thousand(천), million(100만), billion(10억), trillion(1조)로, 자릿점을 찍는 세 자릿수마다 단위가 바뀌기 때문에 숫자 읽기가 쉽다.

    3,000,000 three million
    5,000,000,000 five billion

네 자릿수의 연도는 기본적으로 둘로 나눠 읽는다.

    1789년   seventeen eighty-nine
    2020년   twenty twenty
    기원전 300년   three thousand B.C.
      * Before Christ의 약자인 B.C.(기원전)는 숫자 뒤에 붙인다.
    1800년   eighteen hundred
    1907년   nineteen oh seven
    2000년   the year two thousand
    2005년   two thousand five / twenty oh five

전화번호나 우편번호는 숫자를 그대로 한 개씩 읽고, 제로는 대개 알파벳 'O(오)'로 읽는다.
소수는 소수점을 point(포인트)로 읽고, 소수점 이하의 숫자를 한 개씩 읽는다.

    3.14   three point one four

분수는 1/2을 half(하프), 1/4을 quarter(쿼터)로 읽고, 이외에는 분자의 숫자, 분모의 서수 순으로 읽는다.

1/3   one third

2/3   two thirds

요컨대 분모로 나뉜 분자가 몇 개 있는지를 말하면 되고, 분자가 복수라면 분모의 서수도 복수가 된다.

「One After 909」는 '909의 다음'이라는 뜻으로, 이 노래는 '그녀는 9시 9분발(또는 909호) 다음 열차를 탈 거라고 말했다.'는 내용을 담고 있다.

212

The Long And Winding Road

Lennon-McCartney

long and winding과 long winding의 차이점

가사에 long and winding road와 long winding road가 나온다. 의미는 거의 같긴 해도 엄밀히 따지면 약간 다르다.

and를 쓰지 않고 형용사를 열거할 때 보통은 사이에 콤마를 넣지만(long, winding), 맨 마지막 형용사와 명사를 하나의 덩어리로 받아들이는 경우(winding road)는 콤마를 넣지 않는다. 즉 long and winding road나 long, winding road라면 '길고 꼬불꼬불한 길', long winding road라면 '긴 꼬부랑 길'이 되는 것이다.

동사 wind는 '바람'을 가리키는 명사 wind와 철자가 같다. 다만 발음은 '와인드[waind]'이다. wind는 동사 중에서도 불규칙동사이며, 과거·과거분사 wound는 동일하게 '와운드[waund]'로 발음된다. '상처/상처를 입히다'를 뜻하는 wound라는 단어도 있는데 이는 '운드[wuːnd]'라고 발음한다.

그리고 동사 wind에는 '(태엽 등을) 감다'라는 뜻이 있다. wind up은 '태엽을 끝까지 감다/긴장시키다'라는 의미이고, wind down은 '태엽을 풀다/긴장을 풀다'라는 의미다.

They were all wound up before the game.
시합 전에는 모두 신경이 날카로웠다.

The bookstore café is a great place to wind down after work.
저 북카페는 일과 후에 긴장을 풀기에 최적의 장소다.

For You Blue

Harrison

blue는 실은 blues였다는 수수께끼

blue라는 단어는 좋지 않은 의미로 사용되는 경우가 많다.

> I'm feeling blue today.
> 오늘은 마음이 우울해진다.
> This cold weather is giving me the blues.
> 이 추위 탓에 우울해진다.
> He argued with his mother until he was blue in the face.
> 어머니와 말다툼을 하고 있는 사이에 그는 녹초가 되었다.

좋지도 나쁘지도 않은 의미로 사용되는 경우도 있다.

> He showed up at my door out of the blue.
> 그는 불시에 집을 찾아왔다.
> The plane vanished into the blue.
> 비행기는 아득히 멀리 사라졌다.

매우 드물게 좋은 의미로 사용되기도 한다.

> She is a blue blood.
> 그녀는 귀족/상류 계급입니다.

원래 이 노래의 제목은 맨 처음에 「For You Blues」였다고 한다. 조지 해리슨이 손으로 쓴 가사에도 그렇게 기록되어 있다. 그러다 어떤 이유로 blue로 바뀌었는지는 알 수 없다. 「For You Blue」는 '당신을 위한 블루스'라는 뜻이다.

Get Back (→ p.199)

이것으로 오디션에 합격하면 좋겠는데

앨범 『Let It Be』의 맨 마지막에 수록된 「Get Back」은 앞서 발매된 싱글과 버전이 다르다. 더불어 노래의 앞뒤에 추가로 말이 삽입되어 있다.
인트로 앞에는 「Get Back」의 곡조로 아무렇게나 되는 대로 노래하는 존의 목소리가 들어 있다.

> Sweet Loretta Fart thought she was a cleaner but she was a frying pan.
> 귀여운 로레타 파트는 자신을 청소기라고 생각했지만 실은 프라이팬이었다.

연주가 끝난 뒤에는 존의 이런 말이 나온다.

> I'd like to say thank you on behalf of the group and ourselves and I hope we passed the audition.
> 그룹을 대표해 감사의 말씀을 드립니다. 이것으로 오디션에 합격하면 좋겠네요.

비틀즈의 맨 마지막 앨범 『Let It Be』는 존의 가장 멋진 농담으로 막을 내린다.

참고문헌

『ザ・ビートルズ レコーディング・セッションズ 完全版』, マーク・ルーイスン著, 内田久美子訳, シンコー・ミュージック・エンタテイメント(『The Complete Beatles Recording Sessions』, 마크 루이슨 지음, 우치다 구미코 옮김, 싱코뮤직 엔터테인먼트)

『ビートルズ大百科』, ネヴィル・スタナード著, パンプキン・エディタース訳, CBS・ソニー出版(『The Long & Winding Road–A History Of The Beatles On Record』, 네빌 스태너드 지음, 펌프킨 에디터스 옮김, CBS·소니 출판)

『ビートルズ詩集(1)』, 片岡義男訳, 角川文庫(『비틀즈 시집(1)』, 가타오카 요시오 옮김, 가도카와분코)

『ビートルズを聞こう』, 里中哲彦・遠山修司著, 中公文庫(『비틀즈를 듣자』 사토나카 데쓰히코·도오야마 슈지 지음, 추코분코)

『これがビートルズだ』, 中山康樹著, 講談社現代新書(『이것이 비틀즈다』, 나카야마 야스키 지음, 고단샤겐다이신쇼)

비틀즈는 1962년 10월 5일 싱글 「Love Me Do/P.S. I Love You」로 데뷔해 1970년 5월 8일 앨범 『Let It Be』를 끝으로 해산할 때까지 공식적으로 213곡을 발표했다. 그 가운데 자작곡이 188곡이고, 커버곡이 25곡이다.

비틀즈가 자신들의 노래로 세상 사람들에게 무엇을 전달하려고 했는지 한마디로 설명할 수는 없다. 그들이 만든 노랫말에는 '사랑과 미움', '희망과 절망', '삶과 죽음', '만남과 이별' 등과 같이 인간사를 정의하는 데 필요한 모든 내용이 담겨 있다. 그룹이 해산한 지 50년이 가까워오고 있는 지금도 그들의 노래가 변함없이 많은 사랑을 받는 이유 중에는 노랫말이 차지하는 비중도 작지 않을 것이다. 「In My Life」, 「Let It Be」, 「All You Need Is Love」, 「Yesterday」와 같은 노랫말은 언제나 내게 감동을 준다.

그런데 어떤 노래이든 간에 사람들의 입에 가장 많이 오르내리고, 사람들의 마음에 가장 오래 남는 것은 역시 '노래 제목'이다. 우리나라의 경우를 보더라도 '김정구' 하면 「눈물 젖은 두만강」, '이미자' 하면 「동백아가씨」, '조용필' 하면 「돌아와요 부산항에」와 같은 노래 제목이 먼저 떠오르니 말이다. 고등학교 1학년 때 우연히 비틀즈를 알게 된 나는 그들의 노래를 듣게 되면서 자연스럽게 노랫말과 함께 노래 제목에도 관심을 갖게 되었다. 영어에 전혀 관심이 없던 내가 영어 공부를 해야겠다는 마음이라도 먹은 것은 알고 보면 사실 모두 비틀즈 덕분이었다. 아무튼 그때부터 비틀즈와 관련된 것이라면 뭐든지 손에 넣으려고 애를 썼는데, 처음 눈에 들어온 것이 책이었다. 1년에 책 한 권 읽지 않던 내가 놀랍게도 책에 관심을 갖게 된 것은 역시 비틀즈 덕분이었다.

내 나름대로 노력한 끝에 비틀즈와 관련된 이런저런 책을 모을 수 있었지만 한 가지 아쉬움이 사라지지 않았다. 노래의 탄생 배경이나 노랫말의 의미를 해설하는 책은 여러 권 구할 수 있었지만 노래 제목을 알기 쉽게 설명해주는 책은 전혀 볼 수 없었기 때문이었다. 영어 실력이 뛰어나다면 내가 책으로 직접 쓰고 싶은 주제였으나 그럴 능력은 없기에 답답하기만 하던 어느 날, 일본 아마존 사이트에서 '비틀즈 노래 제목을 해설한 최초의 책'이란 문구가 적힌 책이 눈에 들어왔다. 그때가 2017년 4월 무렵이었다. 곧바로 책을 구입해 다 읽고 나자 이번에는 비틀즈를 좋아하는 분들에게 소개하고 싶은 욕심이 발동했다. 그렇게 해서 안나푸르나 김영훈 사장님에게 연락을 드렸고 이후의 일은 김 사장님이 다 알아서 해주신 덕분에 이 책이 지금 우리 앞에 있는 것이다.

    이 책이 비틀즈를 잘 아는 분들에게는 그들의 노래를 조금 더 이해하는 데 도움을 주고, 비틀즈를 잘 모르는 분들에게는 비틀즈 노래에 한발 다가서는 기회를 준다면 그보다 더 기쁜 일은 없을 것이다.

2018년 11월
한경식

비틀즈 잉글리쉬
ⓒ 나가시마 미기와 2018

초판 1쇄 인쇄 2018년 12월 5일
초판 1쇄 발행 2018년 12월 10일

지은이　나가시마 미기와
옮긴이　한경식
펴낸이　김영훈
편집　눈씨
디자인　옥영현
펴낸곳　안나푸르나
출판신고 2012년 5월 11일
주소　　서울시 마포구 월드컵북로 4길 44-7 한솔빌딩 101호
전화　　02-3144-4872　　(팩스) 0504-849-5150
전자우편　idealism@naver.com

ISBN　979-11-86559-34-5 (03740)

* 저자와의 협의로 인지는 붙이지 않습니다.
* 이 책은 저작권법에 따라 보호받는 저작물이므로 무단 전재와 복제를 금하며, 이 책의 내용 전부 또는 일부를 이용하려면 반드시 저작권자와 안나푸르나의 서면 동의를 받아야 합니다.
* 유통 중에 파손된 책은 구입하신 서점에서 바꾸어 드리며, 책값은 뒤표지에 있습니다.
    이 도서의 국립중앙도서관 출판도서목록(CIP)은 서지정보유통지원시스템 홈페이지(http://seoji.nl.go.kr)와 국가 자료공동목록시스템(http://www.nl.go.kr/kolisner)에서 이용하실 수 있습니다. (CIP제어번: CIP2018037451)